공산주의와
교회의 역사

공산주의와 교회의 역사

초판 1쇄 발행 2025년 3월 7일

지은이 정천화
펴낸이 장길수
펴낸곳 지식과감성#
출판등록 제2012-000081호

교정 주경민
디자인 강샛별
편집 강샛별
검수 정은솔, 이현
마케팅 김윤길

주소 서울시 금천구 벚꽃로298 대륭포스트타워6차 1212호
전화 070-4651-3730~4
팩스 070-4325-7006
이메일 ksbookup@naver.com
홈페이지 www.knsbookup.com

ISBN 979-11-392-2448-1(03230)
값 16,700원

- 이 책의 판권은 지은이에게 있습니다.
- 이 책 내용의 전부 또는 일부를 재사용하려면 반드시 지은이의 서면 동의를 받아야 합니다.
- 잘못된 책은 구입하신 곳에서 바꾸어 드립니다.

지식과감성#
홈페이지 바로가기

공산주의와
교회의 역사

정천화 지음

서문

필자는 86세대(통상 80년대 학번, 60년대생)입니다. 마르크스-레닌주의라는 공산주의 사상을 신봉한 운동권 경력자이며 그 시대, 그 세대와 함께 달렸던 교회와 기독교에 적대적이었던 경험을 가지고 작금의 한국 교회 현실을 관찰하고 있는 신학자로서 한국 교회가 직면하고 있는 위험하고 악한 흐름을 폭로하기 위해서 이 책을 썼습니다.

당시 필자는 교회는 다녔지만, 정권에 상당히 비판적이었습니다. 학교에 입학하자마자 사회주의 사상을 학습하는 동아리에 들어갔고 상당히 빠른 속도로 사회주의, 공산주의 사상을 흡수했습니다. 당시 운동권은 주사파와 非주사파로 양분되었는데, 필자는 소위 PD계열 가운데서 가장 왼쪽에 있었습니다.

당시 운동권의 상당수가 교회에 다닌 경험이 있었습니다. 물론 전혀 교회에 가 보지 않았거나 다른 종교를 가진 이들도 많았습니다. 놀라운 것은 필자를 포함하여 교회를 다닌 자들이 교회와 기독교에 훨씬 적대적이었습니다. 동아리방 옆에 기도실이 있었는데, 방언으로 기도하는 소리가 들릴 때마다 우리는 소리를 지르고 운동권 가요를 불렀습니다.

특이한 것은 학생운동을 하는 기독교 동아리들이 몇 개 있었는데, 다른 운동권 동아리와 다른 것은 발견되지 않았다는 사실입니다. 그런데 필자가 속해 있던 조직에 있던 사람들은 기독교 운동 동아리들을 2류 운동권으로 생각했습니다. 그것은 당시 필자처럼 골수 사회주의자들은 기독교와 공산주의는 완전 적대적이고 정반대에 있는 것으로 확신했는데, 기독교와 사회주의 운동을 병행하고 있던 기독교 동아리들을 이해할 수 없었기 때문이었습니다. 그러나 이것은 나의 착각이었습니다. 동유럽 교회와 기독교가 공산화되는 과정을 연구하면서, 좌파 기독교 목사와 단체들이 교회를 공산당에 갖다 바쳤다는 평가를 할 수 있을 만큼, 그들이 공산주의와 공산당에 헌신한 역사적 사실들을 발견할 수 있었습니다.

놀라운 것은 80년대 당시, 운동권에 속하지 않았던 친구나 후배들이 현재 교회에 다니면서 필자와 같은 좌파 운동권 출신의 목사들에 다소간 호의적이라는 것과 좌파적이고 정치적인 설교를 좋아한다는 사실입니다. 그만큼 현재 한국 교회는 공산주의와 좌파 사상에 대하여 너그럽고 무장해제가 되어 있습니다. 이 거대한 배교와 이단의 물결을 거슬러 성경에 기록된 하나님 말씀대로 교회와 기독교가 회복되기를 바라는 마음으로 이 책을 내놓습니다.

이 책이 나오도록 은혜를 베푸신 하나님과 늘 사랑과 격려를 아끼지 않는 가족들과 교회에 감사를 드립니다. 무엇보다도 인생의 대선배, 큰형님 같은 존재이시며, 이 책이 나오도록 지지, 지원, 조언을 아낌없이 해 주신 이성호 목사님께 최고의 존경과 감사의 인사를 전합니다.

추천사

교회사란 가견적(可見的) 교회가 외부세계에 접촉했을 때 어떻게 반응했는가에 대한 역사 기록입니다. 교회사는 고대, 중세, 근세 혹은 현대교회사로 구분됩니다. 중세교회사는 로마-가톨릭교회의 역사이며 교황제의 성립으로 시작하여 종교개혁으로 끝납니다. 우리가 신학교에서 배운 중세교회사는 로마-가톨릭 1천 년의 역사로서 어느 교과서를 펼치더라도 책마다 목차가 비슷하고 내용은 대동소이합니다. 중세교회사는 교회가 이방 민족, 이방 종교, 이방 철학 등과 조우했을 때 반응한 역사적 기록을 담고 있습니다.

그러나 현대교회사는 그렇지 않습니다. 종교개혁 이후 오늘에 이르기까지 500년이 지났지만, 현대교회사는 내용 면에서 일치성이나 공통점을 보이지 않습니다. 중세교회사의 일치성과 현대교회사의 불일치성을 발생시키는 근본적인 원인이 무엇일까요? 그것은 종말론의 일치성과 불일치성입니다.

구속사와 종말론은 기독교의 유일한 사관(史觀)임에도 오늘날 기독교를 대표하는 교단과 단체들은 종말론도 구원론도 기독론도 일치시키지 못하고 있습니다. 무천년설을 지지한 루터와 캘빈은 교황을 "적그리스도"라고 규정하였습니다. 적그리스도가 교회의 머리 되신 그리스도를 대적하는 자라면 그는 마땅히 교회를 대적합니다. 이 세상에서 가장 교회에 대적한 존재, 그가 적그리스도입니다. 이 세계의 역사에서 교회에 가장 대적한 존재는 앗수르나 바벨론, 애굽인가요? 아니면 헬라나 기독교에 10대 박해를 가한 로마제국인가요? 그것도 아니면 이슬람인가요? 루터와 캘빈이 주장한 로마-가톨릭의 수장인 교황인가요?

역사는 구약에 등장하는 제국들보다 중세교회사에 등장하는 로마-가톨릭보다, 오늘날까지 천 년간 계속돼 온 이슬람보다 기독교인들을 더 박해하고 더 많이 죽인 존재가 '공산주의', 또는 '공산당'이라고 증언합니다. 역사상 등장했던 어떤 제국과 박해자들이 죽인 기독교인을 다 합쳐도 공산주의를 실천하는 정치단체로서의 '공산당'이 죽인 기독교인의 수에는 미치지 못하고 그 박해의 악랄함에는 이르지 못합니다.

정천화 박사의 『공산주의와 교회의 역사』에서 공산당을 "적그리스도, 혹은 벨리알로 부를 수 있다."라고 선언합니다. 그리고 이 책에서는 공산당이 기독교인들에게 물리적, 육적인 죽음을 안기는 존재를 넘어 기독교인들을 영적으로 굴복시키고 배교시키는 존재임을 밝히고 있습니다. 공산당은 기독교인을 포섭하여 그들을 공산당의 도구로 사용하고 변질된 교회를 만들고 배교하는 기독교인들을 양산합니다.

이 책에서 공산주의는 어떤 제국보다, 어떤 사상이나 철학보다 어떤 이방 종교보다 가장 기독교에 위협적이고 무서운 존재임을 깨닫게 합니다. 『공산주의와 교회의 역사』는 동독, 조지아, 우크라이나, 벨라루스, 폴란드, 루마니아(부정선거), 몰도바, 체코, 슬로바키아, 헝가리, 아르메니아, 불가리아, 아제르바이잔, 세르비아, 크로아티아, 알바니아, 러시아, 중국, 베트남 등 공산주의와 교회의 조우를 경험한 거의 모든 나라의 교회사, 교회의 공산화 역사를 다루고 있습니다. 그리고 이 책은 공산주의를 만났을 때 교회가 경험하는 모든 경우의 수를 망라하고 있습니다.

이 책이 출판됨으로써 이제 교회사의 공유물이 되었고 그 내용의 열람은 세계에 열려 있지만, 이 책이 의도하는 주된 독자층은 당연히 오늘의 한국을 사는 기독교인들입니다. 교회의 공산화에 앞서 부정선거에 의해 루마니아가 공산화되었다는 사실이 놀랍지 않습니까? 중국의 삼자교회와 한국의 한교총을 비교해 보세요. 베트남은 분단국가였고 그 나라가 적화되는 과정은 한국과 한국 교회의 운명을 예고하고 있지는 않습니까? 이 책을 읽으며 더욱 놀라게 되는 것은 이 책에 등장하는 많은 인물이 한국의 여러 유명한 목사들의 모습과 오버랩된다는 사실입니다. 그리고 공산당에 무릎 꿇는 많은 교회들의 모습이 오늘날 한국의 교회들과 그대로 치환 가능한 모습이라는 사실입니다.

이 책은 각 나라의 사례를 통하여, 교회의 분열이 공산당의 기독교 정책의 기본이고 교회가 분열되고 약화하였을 때, 공산당이 교회를 지배하고 탄압하며 교회를 공산화했다는 것을 가감 없이 보여 줍니다. 그리고 민족주의자, 애국주의자들은 교회 공산화를 위한 공산당의 통일전선 전술의 대상이 된다는 사실도 주목해야 할 지점입니다. 또한 주목할 것은 WCC가 오늘날 공산화된 교회가 온전한 하나님의 교회인 것처럼 위장하는 외피라는 것입니다. 즉 WCC, WEA, 로잔대회 등 모든 기독교 단체들도 모두 공산당의 통일전선 전술의 수단으로 동원됨을 암시하고 있습니다.

오늘을 사는 기독교 성도들은 모두 이 책을 읽기를 권합니다. 특히 분단의 현실에 살면서 좌·우파의 첨예한 정치 갈등 속에 선택의 길을 걸어야 하는 한국의 성도들은 한 사람도 빠지지 않고 다 읽기를 권합니다. 특히 종말론의 적그리스도의 실체에 관해서 연구하는 신학자들, 목사님들도 이 책을 읽고 공산주의보다 더 기독교를 박해하는 세력이 나타날 가능성이 있는지 판단해 보시기를 바랍니다.

전 소나무교회, 예은교회 담임목사
이성호

목차

서문   4
추천사   7

1부
교회와 공산화

동독 교회 공산화 과정   15

2부
동유럽과 동유럽 교회의 공산화 과정

1. 조지아, 기독교와 공산주의   23
2. 우크라이나, 기독교와 공산주의   30
3. 벨라루스, 기독교와 공산주의   40
4. 폴란드, 기독교와 공산주의   48
5. 루마니아, 기독교와 공산주의   63
6. 몰도바, 기독교와 공산주의   78
7. 체코, 기독교와 공산주의   87
8. 슬로바키아, 기독교와 공산주의   98
9. 헝가리, 기독교와 공산주의   106
10. 아르메니아, 기독교와 공산주의   116
11. 불가리아, 기독교와 공산주의   127
12. 아제르바이잔, 기독교와 공산주의   135
13. 세르비아, 기독교와 공산주의   146
14. 크로아티아, 기독교와 공산주의   155
15. 알바니아, 기독교와 공산주의   162

3부

**교회 공산화와
전형적인 형태**

1. 러시아의 공산화와
   소련 치하의 러시아 정교회 169
2. 동독 교회의 공산화 178
3. 중국 교회의 공산화 185
4. 베트남의 공산화 192

4부

**정리하며:
교회의 공산화 과정**

1. 공산당의 탄압과 교회의 무지함 201
2. 좌익 종교 단체의 활동과
   공산당에 굴복한 성직자들 206
3. 정치적인 성직자들의
   기회주의적 처신과 공산당 협력 209
4. 생존을 위한 성직자들의 타협과 굴종 211
5. 교회 공산화의 강력한 도구,
   민족주의와 애국주의 214

참고문헌 217

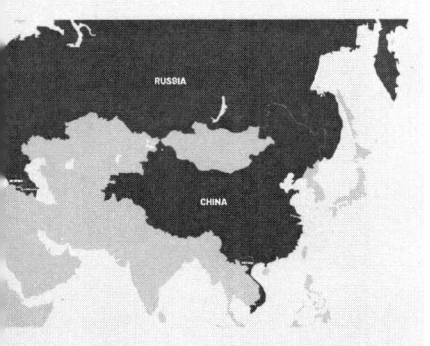

1부
교회와 공산화

    교회와 공산주의는 물과 기름과 같은 것이기에 '교회의 공산화'라는 말은 성립할 수 없다. 따라서 일반적으로 '교회의 공산화'라는 용어는 "보이는 교회의 공산화"라는 말과 같다고 할 수 있다. 달리 말해서, 그리스도의 몸으로서 보이지 않는 교회, 영적인 교회, 구원받은 성도들로서 본질적인 교회는 공산화될 수 없다. 하지만 역사적으로 현실의 '보이는 교회'들이 공산화되었다는 사실을 부정할 수 없기에 '교회의 공산화'나 '교회의 좌경화'는 분석과 평가의 대상이 될 수밖에 없다. 이러한 분석과 평가를 통하여 교회와 신자들은 교훈을 얻고 '교회의 공산화'라는 거대한 배도의 물결에 대비할 수 있을 것이다.

    엄밀히 말해, '교회의 인본주의화', 혹은 '교회의 좌경화'와 '교회의 공산화'는 다른 개념이지만 이것들이 밀접하게 관련되었던 역사적 사례들을 통하여 어느 정도 교훈을 얻을 것이다. 일반적으로 인본주의 사상, 자유주의 신학이 지배한 교회들이나 '사회복음'이나 '윤리적 기독교'와 같은 좌경화된 신학이 지배한 교회들은 '교회 공산화'

의 토대가 되었다고 평가할 수 있다.

교리적인 접근방법은 이 책의 범위를 넘어서는 문제이기에 역사적 사례들만 가지고 간략한 평가를 하자면, 대체로 '후천년설'이나 '무천년설'을 지지하는 교회나, 정치와 종교가 강력하게 결합한 동유럽 국가들에서 교회가 급속하게 공산화되었다. 물론 후천년설을 지지하는 교회들이 나치와 제국주의 국가를 지지한 예외적인 경우도 있지만 대체로 후천년설이나 무천년설을 지지하던 좌경화된 교회들은 공산주의를 적극적으로 받아들였다. 특히, 동독 공산화 과정에서 독특한 역할을 담당한 한 목사의 사례에서 어느 정도 시사점을 얻을 수 있을 것이다.

동독 교회 공산화 과정

공산군과 함께 행진하는 메르켈

독일의 수상이었던 '앙겔라 메르켈'(Angela Dorothea Merkel, 1954~)을 추적해 보면 동독 교회 공산화 과정을 한눈으로 볼 수 있다. 주지하듯이, 앙겔라 메르켈은 서독에서 동독으로 간 목사의 딸이다. 앙겔라 메르켈의 본래 이름은 '앙겔라 도로테아 카스너'이다. 물론 그녀의 아버지 성도 카스너이다. 그녀의 아버지의 이름은 '호르스트 카스너'(Horst Kaźmierczak, 1926~2011)이다. 현재 앙겔라 메르켈의 성이 메르켈이 된 것은 전남편의 성이 메르켈이었기 때문이다.

호르스트 카스너의 동독행

앙겔라 메르켈 총리의 아버지, '카스너'는 동독 교회 공산화 과정을 잘 보여 주는 목사였다. 그는 1926년 베를린 근처에서 경찰관의 아들로 태어났다. 청소년기에 카스너는 히틀러가 운영했던 '나치 유소년단'에서 활동했다. 1948년부터 카스너는 하이델베르크에서 신학 공부를 했다. 그러다가 정치가의 딸인 '헤어린트'와 결혼했다. 카스너의 부인이며 메르켈의 어머니, 헤어린트는 영어와 라틴어를 가르치는 교사였고 '사회민주당' 당원이었다.

메르켈과 그의 부모

　카스너가 목사가 될 무렵, 수많은 사람이 동독에서 서독으로 탈출했다. 1949년에서 1961년 사이에 동독에서 서독으로 250만 명이 이주했다. 이런 흐름과는 반대로 카스너는 1954년, 메르켈이 태어나고 얼마 지나지 않아 선배 목사이며 동료 목사인 '뵐버' 목사의 요청으로 동독으로 건너가서 소위 복음주의 교회, 루터파 교회에서 목회했다. 당시 동독에 있었던 목사들은 목회를 위하여 공산당에 자발적으로, 기꺼이 협조했다. 당연히 메르켈의 아버지, 카스너도 동독 공산당에 협조했다.

　카스너는 브란덴부르크에 있는 템플린이라는 도시에 있는 종교 교육청에서 공무원으로 근무하면서 공산당의 정책이나 국가교회 시스템에 협조하였다. 카스너는 이상주의자보다 진보적인 사람으로 인정되었기에, 동독 언론은 카스너를 '붉은 카스너'로 불렀다. 그 정도로 카스너는 공산당의 이념에 적극적으로 순응한 목사였다. 또 카

1부 교회와 공산화　17

스너는 베를린-브란덴부르크에 있는 '복음주의 교단'의 신학대학원 이사를 역임했다.

특이한 것은 그 대학이 서방의 강연자와 서방의 문학가들을 통해 동독과 서방의 창구역할을 담당했다는 사실이다. 또 카스너는 베를린 브란덴부르크 '복음주의 총회'의 회원이었고 '기독교민주연합'이라는 정당의 당원이었다. 또 그는 '복음주의 연합'이라는 조직에서 잠깐 부총회장으로 활동하였다. 특별히 카스너가 일찍 가입하였던 기독교민주연합은 카스너와 그의 딸, 메르켈을 이해하는 데 상당한 도움을 줄 것이다.

동독의 기독교 민주 연합

독일 통일을 주도하였던 독일의 '헬무트 콜'(Helmut J. M. Kohl, 1930.4.5.~2017.6.17.) 수상이 기독교민주연합을 대표하는 인물이다. 그런데 기독교민주연합은 동독에도 있었다. 물론 메르켈과 그의 아버지도 기독교민주연합 당원이었다. 기독교민주연합은 1945년 히틀러가 패망하고 독일이 분단될 즈음에 결성된 중산층이 주도하는 보수우파 정당이다. 그러나 곧이어 독일이 동독과 서독으로 분단되자마자 기독교민주연합도 둘로 갈라졌다.

특별히 동독에서는 기독교 사회주의자, '제이콥 카이저'(Jakob Kaiser, 1888.2.8.~1961.5.7.)가 '기독교민주연합당'(기민당)을 주도하였는데, 1947년부터는 민주당 출신, '오토 누슈케'(Otto Gustav Nuschke, 1883.2.23.~1957. 12.27.)가 오랜 기간 당을 이끌고 갔다. 이 오토 누슈케가 동독 교회와 동독 기독교민주연합을 공산화한 핵심적인 인물이었다. 누슈케와 그의 지지자들은 공산당의 명령을 기꺼이 자발적으로 따랐다.

1952년 6차 당대회에서 기민련은 공산당을 철저하게 따르기로 했는데, 그 대회에서 기민련은 '기독교 현실주의'라는 새로운 노선에 따라 기민련을 어떤 제한도 없는 사회주의정당으로 선언했다. 기민련이라는 보수우파정당이 기독교 현실주의라는 강을 건너면서 공산당이 되었다.

교묘한 속임수, 기독교 현실주의

CDU, 즉 기독교민주연합은 기독교 현실주의에 관한 「테제22」에서 새롭고 더 나은 사회질서로 "사회주의 사회를 재조직하겠다."라고 하면서 "사회주의가 그리스도의 요구와 실천적인 기독교를 실현한다."라고 선언했다. 한마디로, 공산주의가 예수그리스도께서 요구하신 것이고 기독교는 이것을 실천해야 한다는 것이다. 동독의 기민련 지도자들은 이런 방식으로 교묘한 거짓말을 하면서 교회와 기독교를 공산화했다.

또 기민련 6차 총회에서 당의 강령에 노동자계급이 사회주의를 확립하기 위해서 역사적으로, 필연적으로, 일관되게 주도적인 역할을 해야 한다는 것을 인정했다. 이 말은 동독 교회가 프롤레타리아 독재, 공산당의 독재를 인정한다는 것이었다. 이것은 동시에 기독교 우파정당이며 동독 복음주의, 루터교회가 가입한 기민련이라는 정당이 공산당의 들러리가 된다는 말이었다. 이렇게 하여 동독 공산당이 주도하는 '통일전선 전술'이 성공했다. 따라서 이즈음 동독 교회의 공산화가 완료되었다고 평가할 수 있다.

다시 한번 기억해야 할 것은 동독의 기독교민주연합을 공산화하는 데 주도적인 역할을 한 사람이 오토 누슈케였다는 사실이다. 이 사람은 자유주의자, 민족주의자이며 좌파 정당이었던 민주당 출신이었는데, 갑자기 기독교민주연합의 창당 멤버로 변신했다. 또한 그는 소련군이 진주한 동독에서 우리나라 국회와 같은 '동독인민위원회' 위원장으로 활약했다. 한마디로 오토 누슈케는 동독을 설계한 사람 가운데 하나이며 소련이 요구하는 것을 충실하게 따랐던 사람이었다.

또한 그는 동독에서 부총리를 역임하고 교회청 청장을 역임했다. 동독의 교회청 청장은 전국 교회를 총괄하는 행정부서의 총책임자였다. 동시에 누슈케는 공산당의 명령에 복종하지 않는 기민련 당원들을 추방했다. 한마디로 누슈케는 동독 기독교와 교회를 철저하게 공산당의 들러리로 만들었던 인물이었다. 그리하여 이때부터 동독에 있는 합법적인 기독교는 철저하게 공산당 앞잡이가 되었다고 평가할 수 있다.

로타어 데메지에르(Lothar de Maiziere)의 등장과 독일 통일

오토 누슈케 이후로 '제랄드 괴팅'(Gerald Götting, 1923.6.9.~2015.5.19.)이 오랜 기간 동독의 기민련을 이끌었다. 당시의 동독 기민련과 동독 교회는 동독 공산당에 철저하게 협력하는 위성정당이었다. 말하자면 공산당과 가장 가까운 정당이 기민련이었고 동독 교회였다. 그렇지만 그 동맹은 1989년 말에 깨졌다. '로타어 데메지에르'(Lothar de Maiziere, 1940.3.2.~)라는 사람이 기민련을 장기간 이끌었던 제랄드 괴팅을 선거에서 이겼다.

프랑스 혈통인 로타어는 1990년 동독총선에서 승리하면서 총리가 되었고 서독과의 신속한 통일을 이끌었다. 이즈음에 메르켈이 동독 기민련에 입당했다. 로타어는 수상이 되기 전에 메르켈의 아버지, 카스너와 함께 교회청 장관을 상대로 교회 문제와 관련하여 협상하며 독일의 통일과 독일교회의 통일을 이끌었다. 독일 통일 후에도, 그는 기독교민주연합과 독일교회에 상당한 영향을 미쳤다.

메르켈의 아버지, 카스너를 통해 본 동독 교회 모습

카스너는 동독으로 건너가서 기독교민주연합과 복음주의 교회연합에서 중요한 직책을 역임하며 동독 교회를 공산화하는 데 앞장섰다. 카스너는 줄곧 서독 사회를 비판했고 독일의 통일을 반대했다.

동시에 동독 교회를 공산화하는 주역이었던 동독 기민련의 당원이 었다.

카스너와 함께 일했던 '욥스트 라이펜슈타인'(Jobst Reifenstein)은 카스너가 "성경에 묘사된 사회주의를 동경했고 이웃들과 재산을 공유하는 사상, 즉 공산주의를 이 땅에서 실현할 수 있다고 믿었다."라고 말했다. 간단히 말해서, 메르켈의 아버지는 기독교 공산주의자였고 자신의 이념을 동독에서 실천했다. 그것을 위해 가족을 데리고 서독을 떠나 동독으로 갔다고 평가할 수 있다.

기독교 사회주의자들은 국가가 공산화되자마자 기독교 단체와 교회를 공산화하는 데 앞장섰다. 그들이 소위, 복음주의 교회를 공산화하는 데 사용한 논리가 기독교 현실주의였다. 그 현실은 하늘이 아니라 땅이고 천국이 아니라 이 세상이었다. 천국과 세상을 합치고 결합하고 통합시키는 것이 교묘하고 교활한 기독교 현실주의였다.

2부
동유럽과 동유럽 교회의 공산화 과정

1. 조지아, 기독교와 공산주의

조지아 개관

트빌리시의 삼위일체 성당

조지아(그루지야, საქართველო)는 한때 소련을 이끌던 공산주의 지도자이며 잔혹한 공산주의자였던 스탈린과 소련 붕괴에 결정적인 역할을 담당한 페레스트로이카(개방정책)의 소련 외무장관이며 조지아의 대통령이었던 셰바르드나제(ედუარდ ამბროსის ძე შევარდნაძე, 1928~2014)를 배출한 나라이다. 셰바르드나제가 조지아 대통령에 있을 때인

2003년, 부정선거를 빌미로 장미혁명이 일어나 셰바르드나제가 축출되었다.

조지아는 북위 41도, 동경 44도에 위치하며 서아시아와 동유럽의 교차로에 있다. 서쪽은 흑해, 남서쪽은 터키, 동쪽은 러시아, 남쪽은 아르메니아, 남동쪽은 아제르바이잔이고 북쪽은 러시아로 둘러싸여 있다. 국토의 면적은 6만 9천 제곱킬로미터이며 인구는 370만 명이다. 수도는 트빌리시이고 일인당 GNP는 5,000달러로 가난한 나라이다. 친서방적인 민주공화국으로 러시아와 대립하였고 2008년에는 러시아와 전쟁을 벌이기도 하였다.

조지아인들이 인구의 87%를 차지하며, 종교는 88%가 기독교인데 대부분의 조지아인은 동방정교회에서 독립한 조지아 정교회에 가입되어 있다. 인구의 다수가 슬라브족인 조지아인들이고 공식 언어는 조지아어이다. 조지아 영토에 코카서스산맥이 지나가고 있는데, 조지아에서 가장 높은 산은 5,068m의 슈카라산이다.

조지아의 기후는 습한 아열대 기후부터 빙하 지형이 생길 정도의 추운 기후까지 다양하다. 수도 트빌리시의 기후는 겨울 평균기온 1도, 여름 평균기온 25도의 온대 기후이다. 조지아는 개발도상국 가운데 가장 빨리 경제가 성장하는 나라이다.

조지아 역사

조지아 민족은 기원전 12세기에 역사상 처음으로 등장하였다. 당시 조지아는 야금술과 포도 재배로 유명하였다. 그리스 고전 시대에 이르러서는, 조지아 땅의 서쪽은 콜키스(Colchis)이고 동쪽은 이베리아(Iberia)였다. 기원전 66년, 로마가 조지아 지역을 정복한 이후 조지아는 이후 700년 동안 로마와 페르시아의 각축장이 되었다. 337년 '미리안 3세'(მირიან III, 284~361)때, 기독교가 국교로 인정되기 전까지 조지아는 미트라 종교, 조로아스터교를 믿는 나라였다.

700년간 로마와 페르시아의 각축장이 된 조지아는 봉건 국가로 분열되었고 7세기 초에 이슬람에 의해 정복되었다. 이후 이슬람의 침략을 성공적으로 몰아낸 '레온 2세'(ლეონ II, 767~811)는 비잔틴 제국으로부터 완전히 독립하였고 '압하지야 왕'으로 등극하였다. 이후 9세기에 이베리아 공국이 수립되었고 이베리아 공국의 '아다르나세 4세'(ადარნასე, ?~923)는 이베리아 왕국을 수립하였다. 또한 9세기 초에 '압하지야 교회'는 콘스탄티노플에서 독립하였다.

이후, 분열되었던 봉건 국가, 조지아를 '바그라트 3세'(ბაგრატ III, 960~1014)가 단일한 통일 국가로 세워 '다비드 4세'(დავით აღმაშენებელი, 1073~1125)와 '타마르 여왕' 통치기인 12세기와 13세기에 문화의 황금기를 이루었다. 군사적 승리와 정복, 문학과 철학과 과학의 융성으로 나타난 조지아의 르네상스는 타마르 여왕 때 절정에 달했다.

조지아에서 왕 중의 왕으로 불리는 타마르 여왕은 코카서스 지역을 지배하였고 강력한 힘을 바탕으로 외교력을 발휘하여 셀주크와 비잔틴의 몰락에 이바지하였다.

타마르 사후 조지아는 몽골과 튀르크의 공격을 받으면서 서서히 무너졌다. 결국 조지아 왕국은 1446년 무정부 상태가 되어 붕괴하였고 이후 서부지역은 오스만튀르크가, 동부지역은 이란의 사파비 왕조가 지배하였다. 300여 년간, 이란과 터키가 분할 지배하는 동안, 인구가 감소하고 국력이 현저히 약화하였다. 그러다가 1762년 '헤라클리우스 2세'에 의하여 다시 통일왕국이 되었다. 그러나 1783년, 러시아와 보호조약을 체결하여 러시아의 통치를 받게 되었다. 그런데 러시아는 보호조약으로 만족하지 않고 1801년 조지아를 완전히 병합하였다. 따라서 1801년, 조지아의 바그라티니 왕조는 멸망하게 되었다. 무능하고 병약한 '조지 12세'가 사망함으로써 조지아 왕국은 사라졌다.

러시아와 터키의 오랜 전쟁에서 러시아 제국이 승리함으로써 터키가 지배하던 옛 조지아 땅이 러시아 제국에 편입되었다. 러시아는 이란과 터키로부터 조지아를 지켜 주었지만, 조지아인들의 민족운동과 독립운동은 강력하게 탄압하였다. 러시아의 탄압에 대한 조지아의 강력한 저항이 19세기 말에 일어났다. '일리아 차브차바제'(Ilia Chavchavadze, 1837~1907)가 이끄는 '조지아 민족 부흥 운동'이 일어나 조지아의 민족 정체성과 국가의 기틀을 마련하는 데 크게 이바지 하였다.

당시 노동자와 지식인, 학생들 사이에서 사회주의 사상이 유행이었고 1905년과 1917년의 러시아 혁명의 여파로 조지아에서는 민주공화국이 설립되었다. '니콜라이 츠카이체'(ნიკოლოზ (კარლო) ჩხეიძე, 1864~1926)가 조지아, 아르메니아, 아제르바이잔과 연합된 국가를 세웠다. 그러나 이 공화국도 얼마 못 가고 1922년 소련에 합병되었다.

그에 앞서 소련의 적군이 트리빌리시로 침입하여 소비에트 공화국을 세웠다. '필립 마카르제'(ფილიპე მახარაძე, 1868~1941)가 20년간 조지아 소비에트 공화국과 공산당을 이끌었다. 그는 스탈린과 마찬가지로 조지아에서 신학을 공부하고 볼셰비키 공산당으로 활약한 공산주의자였다.

조지아 출신의 스탈린

원래 이름이 '이오세브 베사리오니스 제 주가슈빌리'(იოსებ ბესარიონის ძე ჯუღაშვილი, 1878~1953)인 스탈린은 소련 공산당 국가를 건설하고 러시아 공산화 과정과 수많은 전쟁을 수행하는 과정에서 수천만 명의 인명을 살상한 공산주의자였다.

신학생 시절, 스탈린

그런데 스탈린은 15세에서 20세까지 티플리스에서 신학을 공부하였다. 그는 아주 우수하고 착실한 신학생이었다. 그는 조지아 정교회의 사제가 되기 위해서 성경, 설교학, 라틴어, 그리스어, 문학, 수학, 역사와 전례 등을 공부하면서 모든 예배에 참석하였고 성가대를 지휘하였다. 그의 신학교 성적은 최고였지만, 신학교에서 금지한 불온한 서적을 읽었고 마르크스주의 학습 서클에 가입하였다.

그는 신학적인 문제에 정통했고 교회의 역사에도 아주 유식하였다. 신학교에 오기 전에 성경에 아주 능통하였고 10년 이상 성경을 열심히 연구하였지만, 신학교에 재학할 때부터 다윈의 진화론을 맹신하게 되었고 마르크스와 레닌의 글에 몰두하게 되었다. 결국 스탈린은 신학교를 자퇴하고 공산당 운동에 본격적으로 뛰어들게 되었다.

스탈린은 이때부터 전투적인 무신론자가 되어 근 40년간 기독교와 교회를 교묘하게 탄압하였다. 그러나 제2차 세계대전이 일어났을 때, 스탈린은 기독교와 타협을 하면서 러시아 정교회와 기독교를 공산주의와 연합시키는 '공산주의-정치 신학'을 만들었다. '롤랜드 보어'(Roland Boer, 1961~)에 따르면 스탈린의 '정치신학'은 변증법과 양극화로 특징지어진다.

그는 자신의 정치신학에서 '초월성과 내재성', '공산당과 노동자', '이론과 실천'이라는 모순을 변증법이라는 개념으로 해결한다. 하나님의 존재와 사역의 위치에 변증법을 세웠다. 또 그의 정치 신학은 인간의 자유와 구원의 문제를 예수그리스도로부터 찾지 않고 인간에게 내재한 선함으로부터 찾는 '펠라기우스적인 신학'을 가지고 있었다.

특히, 스탈린은 자신이 지상천국으로 믿었던 공산주의와 현실적인 사회주의의 모순을 '파루시아의 지연'이라는 신학적 개념을 빌어 '공산주의의 지연'으로 만들었다. 따라서 이러한 종말적인 상황에서 미래의 공산주의를 당기는 개념으로 '발전하는 공산주의' 개념을 만들었다.

또한 사도행전 2장의 성령강림 사건에서 방언으로 언어가 통일되는 것에 착안하여 '다양성이 증가하면 더욱더 통합되어 간다'는 '공산주의 건설의 과정'이라는 개념을 만들었다. 더 나아가 그의 정치신학에 따르면, 지연된 공산주의 사회에서 노동자들은 사도행전 4장과 데살로니가 후서 3장에 따라서 '능력에 따라 일하고 일한 만큼 분배받는다'라는 사회주의 인간이 되어야 했다.

스탈린은 신학을 공산주의 사상과 교묘하게 결합하여 공산주의 정치신학을 만들었고 이 신학으로 말미암아 동방정교회뿐만 아니라 로마 가톨릭, 그리고 개신교 신학에 이르기까지 광범위한 오류와 편향과 악습이 나타나게 되었다.

2. 우크라이나, 기독교와 공산주의

우크라이나는 동유럽에 있는 거대한 영토를 가진 민주공화국이며 수도는 키예프이다. 이 나라는 9세기 중반의 루스 카간국(Русь каганáт)부터 9세기에서 13세기까지 지속된 키예프 루스(Кйевская Русь)로 이어지는 역사가 있으며 러시아와 민족적, 언어적, 역사적 유사성을 공유한 나라이다. 오랜 기간 동쪽으로는 튀르크와 몽골족의 침입과 지배를 경험했고 서쪽으로는 폴란드, 오스트리아-헝가리 제국의 지배를 경험했다. 20세기에 들어와 잠시 독립이 되었지만, 소련에 합병되었다. 소련이 해체되면서 명실공히 우크라이나는 독립된 민주공화국이 되었다.

우크라이나 개관

성 요르요스 성당

우크라이나는 북위 50도, 동경 30도에 있는 나라로서 약 600,000㎢

의 면적을 가지고 있는데 한반도보다 약 3배 크다. 서쪽으로는 폴란드, 슬로바키아, 헝가리가 있고 남서쪽에 루마니아, 몰도바가 있다. 동쪽과 북동쪽에 러시아가 있고 북쪽과 북서쪽에 벨라루스가 있다. 남쪽과 남동쪽에는 흑해와 아조프해가 있다.

우크라이나 인구는 2021년 4,150만 명 정도이고, 그중 우크라이나인이 78%, 러시아인이 18% 정도이다. 공용어는 우크라이나어를 사용하지만, 러시아어를 일반적으로 사용한다. 일인당 GNP는 1만 달러 정도이며 석탄, 석유, 천연가스, 우라늄 등 지하자원이 풍부하여 석탄, 철강, 화학공업이 발달하였다. 농업 부문에서는 밀, 옥수수, 보리, 사탕무, 포도 등이 재배된다. 국민 대다수 종교는 우크라이나 정교회이다. 우크라이나 정교회는 2018년에 러시아 정교회로부터 독립된 정교회이다.

우크라이나 정교회는 독립 정교회 중에 가장 늦게 독립이 되었다. 1990년 모스크바 총대주교좌, 우크라이나 정교회가 자치를 얻은 것을 시작으로 우크라이나 독립정교회와 함께 통합하여 우크라이나 정교회가 되었다. 따라서 1990년까지는 우크라이나 정교회는 러시아 정교회와 같다고 평가할 수 있다.

우크라이나 역사

우크라이나 역사는 중앙아시아에서 동유럽을 침입한 튀르크계 민족들과 밀접하게 관계되어 있다. 5세기부터 10세기까지 이 지역에는 '사바르', '아바르', '하자르 카간국'이 건국되었다. 8세기와 9세기에 걸친 '루스 카간국'은 북게르만족, 루스인의 첫 국가가 되었다. 이후 '키예프 루스'(Ки́евская Русь, 882~1240)가 러시아, 벨라루스, 우크라이나를 아우르면서 키예프를 중심으로 발전하였다.

10세기에 '스뱌토슬라프 1세'는 볼가강의 무역로를 장악하고 '하자르 카간국'과 '불가리아 제국'을 공격하여 키예프 루스의 영토를 확장했다. 이후 반란으로 정권을 잡은 '블라디미르 1세'(Влади́мир Святосла́вич, 958~1015)는 동슬라브족, 발트족, 핀 족을 정복하여 통합시키고 동로마제국의 반란을 진압한 대가로 동로마 황제, '바실리오스 2세'의 여동생과 결혼하고 동로마의 문물을 적극적으로 수용했다. 그는 곧이어 동방정교회 신자가 되었고 동방정교회를 국교로 세웠다.

이후 키예프 공국은 분열되어 멸망하였고 우크라이나 지역은 폴란드나 러시아에 침략받아 지배당했다. 18세기 후반에 이르러, 우크라이나 중부와 동부는 러시아에 합병되고 서부는 오스트리아-헝가리 제국에 합병되었다. 1917년 러시아 혁명 이후, 우크라이나는 러시아와 오스트리아로부터 독립을 선언하고 독립국이 되었다.

그러나 1922년, 우크라이나는 또다시 멸망했고 폴란드, 소련에 의해 분할되었다. 1939년에 제2차 세계대전이 발발하자 소련은 우크라이나를 침공하여 폴란드가 지배하던 '서부 우크라이나'를 기존의 '우크라이나 소비에트 사회주의 공화국'과 합병하였다. 이렇게 하여, 공산화된 우크라이나는 1991년까지 지속하게 되었다.

우크라이나 기독교의 역사

키예프 루스의 '블라디미르 1세'가 988년에 동방정교회를 국교로 만든 후에 동방정교회와 그로부터 파생된 여러 종파가 생겼다. 우크라이나에서 종교를 가진 인구가 72%인데, 인구의 67%가 동방정교회 신자이다. 구체적으로, 우크라이나에서 동방정교회와 관련된 종파는 우크라이나 그리스-가톨릭 연합교회와 러시아 정교회에서 독립된 우크라이나 정교회가 있다. 그리고 전체 인구 가운데 약 2%의 개신교와 0.8%의 로마-가톨릭이 있다.

955년쯤, 키예프 통치자 '올가 공주'가 세례를 받고 그의 손자, 블라디미르 1세가 동방정교회를 국교로 세움에 따라 키예프를 중심으로 한 우크라이나의 종교는 동방정교회를 중심으로 전개되었다. 그러나 키예프 루스가 해체된 이후에 상황은 복잡하게 전개되었다. 키예프 루스 땅을 이교도였던 리투아니아가 장악했고 리투아니아는 폴란드를 지배하는 헝가리 제국과 오랜 기간 전쟁하였다.

로마-가톨릭이 배후에 있는 헝가리-폴란드 동맹과 리투아니아-루테니아(Ruthenia, 범 러시아 혹은 루스가 다스리는 지역) 동맹이 연합하는 사건이 발생하였다. 1386년 리투아니아 왕, '요가일라'(Jogaila)는 헝가리-폴란드 동군(同君)연합(한 명의 왕을 모신 두 나라의 동맹)의 공주인 '야드비가'(Jadwiga)와 결혼하였다. 역사가들은 이것을 '크레보 연합'(Union of Krevo)이라 부르는데, 이 조약의 핵심은 리투아니아-루테니아 지역을 헝가리-폴란드 왕국의 지배하에 두어 로마-가톨릭화시키는 것이었다.

이 연합 이후로 우크라이나의 폴란드화는 심화되었다. 다른 한편으로 로마-가톨릭과 대척점에 서 있던 정교회는 세금과 법적인 측면에서 핍박받았다. 아울러 우크라이나에서는 로마-가톨릭으로부터 정교회로 개종하는 것도 금지되었다.

이에 맞서서 정교회의 대주교는 '형제단'(Bratstvo)을 적극적으로 지원하며 폴란드화되어 가는 주교들에게 저항했지만, 주교들은 오히려 로마 교황의 관할권에 들어가기를 열망했다. 1596년에 '브레스트 연합'(Unia)이 로마 교황의 관할권에 들어갔고 그 관할권에 들어간 교회들은 '비잔틴 전례-가톨릭교회', '우크라이나 그리스-가톨릭 연합교회'라 불렸다. 동시에 동방정교회는 불법이 되었고 교회 재산은 몰수되었다. 또한 동방정교회 신자들은 박해와 차별을 당하였다.

정교회 일부 신자들은 신앙을 위하여 러시아로 이주하거나 폭동을 일으켰다. 남부 지방에 있던 '자포로지안 코사크'(Zaporozhian

Cossacks) 사람들은 로마-가톨릭과 UNIA 지도자들을 대상으로 대규모 봉기를 일으켰다. 1686년에 갑자기 이 세력들 간에 역전이 일어났다. 러시아를 조종하는 오스만 제국이 우크라이나 정교회를 러시아 정교회에 복속시켰다. 18세기 후반에 크림칸국이 러시아에 복속되었다. 요컨대, 17세기에 이르면 폴란드의 영향력이 줄어들었고 반면에 러시아의 영향력이 확대되었다. 러시아는 벨라루스와 우크라이나를 병합시켰다.

이전 2세기 동안, 우크라이나의 폴란드화 이후로 정교회는 거의 사라졌고 로마-가톨릭과 UNIA만이 번성하였었다. 하지만 이제 상황이 역전되었다. 우크라이나의 통치자가 러시아가 됨으로써 연합교회는 정교회로 돌아가야 했다. 러시아의 압력이 거세지는 가운데 1831년 11월에 러시아 통치에 반발한 폭동이 일어났고 연합교회(UNIA)는 이 폭동을 지원하였다. 하지만 이 봉기는 실패했고 우크라이나에 있는 폴란드 잔존세력과 UNIA는 제거되었다. 또한 연합교회는 러시아 정교회로 강제 통합되었다. 통합을 거부한 연합교회 사제들은 러시아 내륙이나 시베리아로 추방되거나 살해되었다.

특이하게도 오스트리아-헝가리 제국의 지배 아래에 있던 남서부 갈리시아 왕국에서는 연합교회가 특권을 부여받고 연합교회(UNIATE) 사제를 길러 내는 신학교가 공적으로 국가의 지원을 받아 운영되었다. 결과적으로, 이 신학교는 교육받은 대규모의 사회계층을 양성하였다. 더욱이, 중요한 것은 이곳에서 독립적이고 토착적인 우크라이나의 문화적 경향이 형성되기 시작하였다는 사실이다. 간단히 말해, 우크라이나 연합교회는 우크라이나 민족문화와 우크라이나 민족운동의 구심점이 되었다.

우크라이나 기독교와 공산주의

1914년에, 오스트리아가 우크라이나 영토를 점령하여 러시아인들과 정교회를 탄압하였는데, 수많은 사람이 탈러호프(Thalerhof) 강제수용소에서 갇혀 사망하였다. 이후, 러시아 혁명의 물결이 우크라이나에도 덮쳤다. '우크라이나 소비에트 사회주의 공화국'이 선포되고 기독교에 대한 대대적인 탄압이 시작되었다.

그런데 묘한 상황이 벌어졌다. 소련에 적대적인 반혁명 세력인 백군을 지원한 세력이 러시아 정교회였는데, 러시아 정교회에 적대적인 볼셰비키 공산당에 의하여 러시아 제국과 러시아 정교회에 의하여 핍박받았던 우크라이나 교회가 독립할 기회가 온 것이다. 소련공산당은 이것을 이용하였다. 소련공산당은 우크라이나에 국가교회로서 우크라이나 정교회를 세워 독립시켰다. 이렇게 하여 우크라이나 정교회는 공산당에 의하여 국가교회로 설립되었고 러시아 정교회에서 독립되었다.

1919년 키이우를 점령한 적군들

이후 우크라이나 정교회는 러시아 정교회 교인들과 사제들이 소련의 박해를 피하여 생존할 도피처가 되었다. 이후, 10여 년 동안 상당수의 농민이 우크라이나 정교회에 등록하였다. 그러나 1930년대부터 우크라이나 공산당은 우크라이나 정교회를 철저히 파괴하고 신자들을 탄압하였다. 그 결과 제2차 세계대전 직전에는 우크라이나 정교회의 신자들 가운데 3% 정도만 남게 되었다.

제2차 세계대전 이후, 소련은 우크라이나에서 민족주의와 민족운동의 구심점이었던 우크라이나 그리스-가톨릭 연합교회를 대대적으로 탄압하였다. 로마-가톨릭이 소련에 적대적이라는 이유로 로마-가톨릭과 연결된 연합교회를 탄압했다. 1945년에 신학교 교장들과 주교들이 체포되어 재판받았고 약 500명의 사제가 감옥이나 수용소로 보내어졌다. 교회와 신학교는 폐쇄되었고 그들의 재산이 몰수되었다.

우크라이나 국민도 공산당 정권하에서 엄청난 희생을 당했다. 스탈린의 강제적인 공산주의 농업정책으로 1932년과 1933년에 우크라이나의 대기근, 즉 '홀로도모르'(Holodomor)로 인하여 260만 명에서 1,000만 명이 기아로 죽었다. 1939년부터 제2차 세계대전이 끝날 때까지 세계대전에 연루되어 우크라이나인 680만 명이 죽었다.

제2차 세계대전이 일어나자 소련과 독일은 우크라이나를 나누어 점령하였고, 소련은 1939년부터 우크라이나 민족주의의 중심, 그리고 로마-가톨릭과 연결되는 그리스-가톨릭 연합교회를 탄압하기 시작했다. 물론 당시에는 그리스-가톨릭 연합교회가 지하에서 활동하고 있었다. 또 러시아 정교회에서 독립한 우크라이나 정교회 사제들도 감옥이나 망명 생활을 하고 있었다.

요컨대, 당시 우크라이나에 있는 모든 교회는 거의 죽은 거나 다름없었지만, 소련으로서는 독일과 로마에 연결되어 反러시아, 反소련 경향의 그리스-가톨릭 연합교회와 우크라이나 정교회를 확실하게 죽일 필요가 있었다.

1946년 소련은 서부 우크라이나를 점령하고, 리비우(Lviv)의 성 조지 성당(St. George's Cathedral)에서 '리보프 소보르'(Lvivskyi sobor)를 개최하여 1596년의 '브레스트연합'과 그 조약을 무효로 했다. 놀라운 사실은 소련이 주관한 이 대회에 참가하여 소련의 꼭두각시 역할을 하면서 우크라이나 정교회와 연합교회를 파괴하는 데 부역한 '하브릴 코스텔리크'(Havryil Kostelnyk, 1886~1948)는 의문사를 당한 것이었다.

코스텔리코는 연합교회를 대표하는 '그리스-가톨릭 신학교'의 신학과의 철학 교수로서 그 학교에서 10년간 봉직하였고 反로마-親동방정교회 경향의 신학을 주도한 잡지인 『니바』(Nyva)의 편집인으로 활동하였다. 그는 親러시아, 親동방정교회였지만, 결국 소련에 이용만 당하고 소련에 의해 비밀스럽게 죽임을 당하였다.

결국 '리보프 소보르'를 시작으로 우크라이나의 모든 교회는 러시아 정교회에 통합되었다. 이후 우크라이나 기독교 상황은 황무지 같은 소련의 기독교와 다름없었다고 평가할 수 있다. 마침내 70년간의 공산당 통치 이후, 1991년 우크라이나는 독립을 선포하였고 동시에 우크라이나 정교회도 명실공히 독립된 정교회로 세워졌다.

3. 벨라루스, 기독교와 공산주의

벨라루스 개관

민스크의 성령대성당

벨라루스(Рэспу́бліка Белару́сь)는 동유럽 내륙에 있는 나라이며 예전에 '백러시아'로 알려졌었다. 이 나라는 북위 53도, 동경 27도에 있으며 수도는 민스크이고 국민 구성은 동슬라브족에 속하는 벨라루스인이 절대다수를 차지한다. 이 외에도 우크라이나인, 러시아인도 있다.

벨라루스는 러시아와 매우 유사한 나라이며, 벨라루스 사람들은 러시아어를 사용한다. 동쪽으로는 러시아, 서쪽으로는 폴란드와 리투아니아, 남쪽으로는 우크라이나, 북쪽으로는 라트비아와 경계를 이루고 있다. 1922년부터 1991년까지 벨라루스 소비에트 사회주의 공화국이었다. 1990년 주권을 선언하고, 곧이어 1991년에 독립을 선언했다. 아울러 러시아, 우크라이나와 함께 독립국가연합 창설을 주도했다.

벨라루스 국민은 벨라루스인이 78%, 러시아인이 13%, 폴란드인 4%, 우크라이나인 3% 등으로 구성되어 있다. 벨라루스의 산업은 기계공업이 전체 공업생산의 30%를 차지할 만큼 공업이 발달했다. 주요 공업 부문으로서 자동차, 트랙터, 농기계, 공작기계 등이 있다. 벨라루스 사람들은 흰옷을 즐겨 입는 풍습이 있다. 아울러 벨라루스에는 흰색으로 가옥을 칠하는 문화가 있다. 그래서 백러시아라고도 불린다. 영토는 한반도 크기의 약 90% 정도 되는 207,595㎢고 인구는 약 930만 명 정도가 된다.

벨라루스의 역사

6세기부터 동슬라브족이 벨라루스 땅에 들어온 후 9세기쯤에 형성된 키예프 루스의 구성 국가 중 하나인 폴라츠크 공국(олацкае княства)이 오늘날 벨라루스 지역을 통치하였다. 1240년, 몽골이 침략하고 나서 벨라루스 땅은 리투아니아 대공국의 영토가 되었다. 그 후, 18세기에 폴란드가 분할될 때, 벨라루스 땅은 러시아 제국의 지배하에 들어갔다.

제1차 세계대전 중, 일시적으로 독일이 벨라루스 땅을 차지하였다. 그러나 1918년 3월 25일, 벨라루스는 '벨라루스 인민공화국'으로 독립하였다. 하지만 이 나라는 실질적 국가의 모습을 갖추지 못한 채, 1919년 1월 5일 붉은 군대가 민스크에 들어오면서 해체되었다. 이후, 벨라루스는 '벨라루스 소비에트 사회주의 공화국'이라는 이름으로 소비에트 연방(소련)의 일부가 되었다.

제2차 세계대전 때, 나치 독일이 소련을 침략하면서 벨라루스 땅은 독일군의 점령하에 들어가고 '벨라루스 중앙 라다(회의)'라는 나치 독일의 괴뢰정부가 세워졌다. 이 정부에 맞서는 벨라루스인들의 게릴라식 저항은 많은 성과를 올렸지만, 벨라루스 인구의 4분의 1이 희생되는 등 피해가 막심했다. 독일이 패전하고 나서 벨라루스는 다시 소련의 지배를 받게 되었다.

드디어 소련이 해체되면서 벨라루스는 1990년 7월 27일 독립을 선언하였다. 1991년 12월, 벨라루스는 독립국가연합의 회원국이 되었고 초대 대통령 '알렉산드르 루카셴코'(Аляксáндар Рыгóравіч Лукашэнка, 1954.8.30.~)가 대통령의 권한을 강화하며 1997년부터 러시아와 국가 연합을 결성하였다. 그 이후 지금까지 루카셴코는 연속적으로 6번이나 대통령직을 수행하고 있다. 루카셴코의 벨라루스는 주변 국가 가운데 가장 독재적이고 친러 성향을 보이는 국가이다.

벨라루스의 종교

성 스타니슬라우스 성당

벨라루스의 종교 구성은 83%의 동방정교회와 7%가량의 로마-가톨릭 및 벨라루스 그리스-가톨릭과 1%의 다른 기독교 종파, 그리고 8%가량의 무종교인이 있다.

기독교는 벨라루스에서 주요 종교이며 그중에서 동방정교회가 가장 큰 종파이다. 소비에트 공산당 시대의 무신론 정책의 유산은 동부지역의 벨라루스인들이 종교적이지 않다는 사실에서 분명히 드러난다. 특이한 것은 소비에트 연방이 끝난 후 다른 비전통적이고 새로운 종교가 이 나라에 생겨났다는 사실이다.

12세기 말까지 유럽은 일반적으로 가톨릭이 우세한 서유럽과 정교회와 비잔틴의 영향을 받은 동유럽이라는 두 개의 큰 지역으로 구분되었다. 그것들은 대략 부크강(Bug River)을 경계로 나뉜다. 이로 인해 현재 벨라루스로 알려진 지역은 이 두 가지 경향이 혼합되고 간섭되는 독특한 위치에 놓여 있다.

14세기 이전에는 벨라루스에서 정교회가 지배적이었다. 그러나 1385년 '크레보'(Krewo)연합으로 로마-가톨릭이 지배적인 종교가 되었다. 당시 리투아니아 대공국의 통치자였던 '요가일라'(Jogaila)는 리투아니아 모든 국민에게 가톨릭으로 개종하도록 강요했다. 16세기 중반까지 로마-가톨릭은 리투아니아와 벨라루스의 북서쪽 지역과 접해 있는 지역에서 강력했다. 하지만 벨라루스에서는 여전히 정교회가 지배적이었다.

16세기에, 기존의 기독교 세력에 위기가 시작되었다. 가톨릭에서는 개신교 종교개혁이 일어났고 정교회 지역에서는 이단 시대가 시작되었다. 16세기 중반부터 개신교 사상이 리투아니아 대공국에 퍼

지기 시작했다. 리투아니아 총리를 지낸 '미콜라이 라지윌'(Mikołaj Radziwiłł, 1515~1565)은 벨라루스가 폴란드화되는 것을 반대하면서 칼빈주의를 육성하고 개혁교회를 지지했다. 그러나 리투아니아를 비롯한 벨라루스의 개신교는 폴란드의 반종교개혁으로 인해 살아남지 못했다.

벨라루스 기독교 역사에서 가장 중요한 종파가 벨라루스 그리스-가톨릭 연합교회이다. 이 종파는 이름에서 알 수 있듯이 동유럽 대다수 민족국가가 두 개의 거대한 종교 세력(로마-가톨릭과 동방정교회)으로부터 생존하기 위하여 타협적으로 만들어 낸 종파라고 말할 수 있다.

벨라루스 그리스-가톨릭 연합교회도 마찬가지로 벨라루스라는 민족국가의 역사와 긴밀하게 얽혀 있다. 반면에 벨라루스에서 로마-가톨릭과 동방정교회(혹은 러시아 정교회)는 각각의 종파를 대표하는 외세가 지배하는 시대 상황에 좌우되어 성쇠를 거듭하게 되었다. 폴란드-오스트리아 세력이 우세하면 로마-가톨릭, 러시아 세력이 우세하면 동방정교회나 러시아 정교회가 우세하였다.

벨라루스 그리스-가톨릭 연합교회는 1595년 '브레스트 연합' 이후로 동방정교회 전례를 유지한 채 로마 교황청과 완전한 친교를 맺으며 우크라이나 지역의 교회들과 함께 세워졌다. 18세기까지 우크라이나까지 포괄하는 그리스-가톨릭 연합교회의 절반 이상의 회원들은 벨라루스인이었다. 1795년까지 벨라루스 국민의 약 80%가 그리스-가톨릭 연합교회 회원이었다. 그다음으로 로마-가톨릭이 14%였다.

그런데 상황이 급변했다. 1790년대에 벨라루스가 러시아에 편입됨으로써 그리스-가톨릭 연합교회는 붕괴하고 사제들과 신자들은 러시아 정교회로 흡수되었다. 1830년대 러시아 통치에 대한 벨라루스의 반란이 실패함으로써 벨라루스 그리스-가톨릭 연합교회는 러시아 정교회에 완전히 복속되었다. 150만 명의 교인들과 2,500명의 사제 러시아 정교회에 복속되었다. 이러한 복속에 반대하는 신자들과 사제들은 외국으로 가거나 지하교회에서 신앙을 유지하였다.

제1차 세계대전 이후 벨라루스 서부지역이 폴란드에 합병되면서, 1세기 전 러시아 정교회에 합류했던 그리스-가톨릭 연합교회 후손, 3만 명이 로마-가톨릭으로 편입되었다. 그러나 소련이 1939년 서부 벨라루스를 점령한 이후, 그리스-가톨릭 연합교회에 대한 정보가 없어져서 이후의 그리스-가톨릭 연합교회의 흔적을 알 수 없게 되었다. 많은 신자가 소련의 탄압을 피해 서유럽과 미국으로 망명하였고 그 망명지에서 육성된 신자들과 교회들이 1990년에 그리스-가톨릭 성당을 세우는 바탕을 마련하였다.

벨라루스 공산당 정권의 탄압과 박해는 1917년 혁명 때부터 시작되었으나 1937~1941년 시기에 절정에 도달하였다. 벨라루스 공산당은 공산당 독재에 반대하는 전직 정치인, 공무원, 성직자, 작가, 예술가, 저널리스트 그리고 정치범 수용소에 있던 사람들을 처형하였다. 또한 처형된 사람들 가운데 벨라루스 공산당의 전직 동료였던 공산주의자들도 상당수 포함되었다.

비공식적인 통계에 따르면, 1917년에서 1953년까지 벨라루스에서 60만에서 140만 명의 사람들이 희생되었다. 현재 장기간 독재를 해 온 루카셴코 정부는 소련 통치기의 벨라루스 공산당의 악정에 대한 조사나 통계를 철저하게 봉쇄하기 때문에 공식적인 자료가 나오지 않고 있다.

벨라루스 공산당 통치에서 생존했던 기독교인의 증언에 따르면, 소비에트 공산당 치하의 기독교인들은 공산당 통치에 복종하여 공식적으로 인정되는 교회에 편입되어 생존하거나 신앙을 위하여 지하교회로 들어가야만 했다. 공산당이 통치할 때, 교회 안에서도 공산당 첩보 조직, KGB가 침투하여 교회 안에서 불신, 불안, 분열을 조장하였고 벌금, 차별, 괴롭힘, 투옥이라는 무기를 사용하여 교회와 신자를 탄압했다.

1928년부터 소련공산당은 벨라루스를 포함한 전 소련 지역에서 초등학교 1학년부터 '반종교 무신론 교육'을 시행하였다. 스탈린의 반종교적 광기는 1932년부터 1937년까지의 '무신론 5개년 계획'에서 절정에 달했다. 당시 기독교인들은 대학에 들어갈 수 없었고 공직에 취임할 수 없었다. 1960년대에는 공산당이 기독교인들의 자녀를 강제로 보육원에 데려가 무신론을 교육했다. 이후 1980년대 소련 치하에서 민스크의 지식인들 사이에 그리스-가톨릭 연합교회에 관한 관심이 증폭되었다.

공산주의 붕괴 이후, 벨라루스에서 종교의 부흥으로 말미암아 정교회와 가톨릭 사이의 오래된 역사적 갈등이 재연되었다. 이러한 종교적 복잡성은 두 교단이 외국과 연결되어 있기 때문이다. 벨라루스 정교회는 러시아 정교회 모스크바 총대주교청을 이끄는 러시아인들이 이끌고 있다. 이런 흐름에 반발하여 벨라루스 정교회는, 설교와 전례에서 러시아어나 폴란드어 대신에 벨라루스어를 사용하려고 시도했는데, 결국 성공하지 못했다.

장기간 소련식 독재를 하는 현재의 정부는 민주주의와 종교의 자유를 주장하는 기독교 종파와 교회를 탄압하고 있다. 교회와 신자들의 집에 경찰이 들어와 신자들을 괴롭히거나 목사나 교회 지도자들을 재판에 넘기거나 벌금을 물리고 심지어 감옥에 구금하기도 한다. 이런 상황에서 벨라루스 교인들은 당국에 맞서 시위하거나 단식투쟁으로 맞서고 있다.

4. 폴란드, 기독교와 공산주의

폴란드(Rzeczpospolita Polska)는 국토의 넓이도 넓고 인구도 상당히 많은 나라이며 공산 체제가 무너지고 자유민주 체제로 이행한 나라 가운데 가장 성공한 나라라고 평가할 수 있다. 북위 52도, 동경 21도에 있는 중부 유럽 국가이며 국토 넓이는 312,700㎢ 정도이다. 남한 면적의 3배이고 인구는 3,850만 명이다. 폴란드 수도는 바르샤바이다. 폴란드의 종교는 로마-가톨릭으로 시작하였는데, 지금도 여전히 로마-가톨릭이 정치, 사회, 문화를 주도하고 있다. 일인당 GNP는 35,000달러이다.

폴란드 개관

폴란드는 영토가 광대하며 북쪽에 발트해와 접하고 있다. 서쪽에는 독일이 있고 남쪽에는 체코와 슬로바키아가 있고 북동쪽에 리투아니아와 러시아가 있다. 동쪽에는 우크라이나와 벨라루스가 있다. 폴란드 기후는 온대 해양성 기후와 대륙성 기후가 공존한다. 폴란드의 계절 기온은 평균적으로 겨울에는 영하 3도, 여름에는 영상 20도 정도이다.

폴란드 인구의 97%가 슬라브족에 속하는 폴인(폴란드인)이고 나머지 소수 민족이 있어서 단일민족이라고 평가할 수 있다. 인구의 90%가 로마-가톨릭일 정도로 로마-가톨릭이 압도적이다. 유럽에서 가장 친미적인 국가이며 로마-가톨릭의 가치를 추구하는 현재의 '법과 정의당'의 노선으로 말미암아 EU의 견제를 받고 있다.

폴란드 전통의상

폴란드 역사와 기독교

현재 폴란드인 대부분을 차지하고 있는 슬라브족은 400~500년 사이에 당시 폴란드 땅을 차지했던 게르만족이 서쪽으로 이동함에 따라 잔류한 게르만족, 켈트인, 발트족, 스키타이인들과 공존하게 된 사람들이다. 이들 지역은 로마제국의 영향력 아래 있었지만, 문화적으로 로마 문화에 동화되지 않고 독자적인 이교도 문화를 형성하고 있었다.

966년에 '미에슈코 1세'(Mieszko Ⅰ, 930~992)가 기독교를 받아들였지만 1000년대까지 기독교는 지배적인 종교가 되지 못했다. 폴란드가 996년 기독교를 국교로 세웠지만, 이후 근 1세기 동안 폴란드인들은 이교를 믿었다는 것이다. 1200년대 중엽에 당시 '콘라트 2세'(Konrad

Ⅱ, 990~1039)는 '튜턴 기사단'과 합세하여 이교도를 정벌하고 가톨릭 국가의 토대를 구축하였다.

1320년, 분할되어 있던 폴란드를 통일시킨 사람이 '브와디스와프 1세'(Władysław, 1260~1333)였다. 그의 아들, '카지미에시 3세'(Kazimierz Ⅲ, 1310~1370)는 폴란드 왕국 최고의 군주로 평가받는데, 카지미에시는 법률을 제정하고 국가의 제도를 정비했다. 특히 그는 이방인인 유대인에게 최대의 자치를 허용한 왕으로 유명하다.

카지미에시 3세가 후손 없이 죽자 '야드비가 공주'가 왕위를 계승하고 리투아니아-우크라이나 지역의 '요가일라'와 결혼하자, 요가일라 왕을 중심으로 하는 폴란드-리투아니아 동군연합이 결성되었다. 폴란드가 1420년대 튜턴 기사단을 완전히 정복했을 때 폴란드는 최대의 영토를 확보하게 되었다.

그 당시 대토지를 소유한 귀족들이 국왕을 압도하는 지경에 이르게 되었다. 귀족들은 국왕에게서 입법권을 가져왔고 국정을 지배하게 되었다. 이 시기는 귀족들의 황금 시기였고 때마침 유럽은 종교개혁의 폭풍이 몰아쳤다. 특이하게도 폴란드는 다른 나라들과 달리 종교 관용 정책을 펼쳤다. 그래서 종교적 자유를 위하여 많은 종교적 난민들이 폴란드로 이주하였다. 1550~1560년대에 '소 폴란드'와 '북부 폴란드'에 칼빈주의자들이 모여들면서 개혁교회들이 형성되었다. 어떤 지역에서는 상당수의 귀족이 개혁교회를 지지하고 지원하였다.

폴란드-리투아니아 연방은 1569년 '루블린 연합'(Unia lubelska)으로 생겨난 것인데 이것은 소위, '선거 군주제'의 산물이었다. 선거 군주제는 귀족들의 선거를 통해서 왕을 뽑는 제도였다. 폴란드판 의원내각제로 불릴 수 있다. 이렇게 뽑힌 왕이 이끄는 폴란드 제국은 17세기 초반까지 막강한 힘을 발휘하여 러시아까지 영토를 확장하였다. 17세기 초반에 폴란드 제국은 모스크바를 점령하기도 했으며 1611년에는 러시아 왕으로부터 조공을 받기도 했다.

문제는 17세기 중엽부터 폴란드 제국은 붕괴하기 시작했다는 사실이다. 1648년 코사크인들의 반란, 러시아와 스웨덴의 침입, 귀족들의 부정부패와 정쟁 등으로 제국은 무너져 갔다. 1600년대에 1,100만의 인구 중에 400만이 전쟁과 기아로 죽었다. 이후 폴란드는 18세기 후반에 내부 개혁을 단행하였다.

그러나 폴란드의 불안정한 정치체제인 선거군주제로 말미암아 결국 국왕과 귀족들이 극한대결로 치달아 폴란드는 주변 강대국들에 의해 분할되었다. 1768년 러시아와 동맹을 중시한 '스타니스와프'(Stanisław August Poniatowski, 1732~1798)왕에 맞서서 귀족들은 '바르 동맹'(Konfederacja barska, 1768~1772)을 결성하여 반란을 일으켰다. 이러한 폴란드의 내분에 주변 열강들이 개입하여 결국 1772년에 폴란드는 러시아, 프로이센, 오스트리아에 분할되었다. 이 분할로 폴란드 영토의 30%, 인구의 1/3을 잃었다.

이런 상황에서 스타니스와프 국왕은 1773년, 유럽 최초의 교육 조서를 반포하였고 1788년에는 유럽 최초의 근대헌법인 '5월 3일 헌법'이 제정되었다. 이러한 개혁에 불안을 느낀 귀족들은 러시아와 합세하여 1792년, 러시아-폴란드 전쟁을 일으켰다. 이 전쟁에서 패배한 폴란드는 영토 대부분을 러시아에 빼앗기고 러시아의 속국이 되었다. 이후 120년간 폴란드는 러시아를 비롯한 열강에 지배당했다.

120여 년의 외세 통치 기간에 폴란드인들은 독립을 위하여 수많은 강력한 봉기를 일으켰다. 1794년에 조지 워싱턴과 함께 미국 독립전쟁에 참여했던 '코시치우슈코'(Tadeusz Kościuszko, 1746~1817) 장군의 반란, 1807년 나폴레옹이 세운 '바르샤바 공국'의 건국과 붕괴, 1830년 11월에 사관생도 중심으로 일어난 바르샤바 '11월 봉기'의 실패, 독일의 '1848년의 혁명'과 공조한 '反독일 봉기' 실패, 그리고 1863년에 러시아에 반대하여 일어난 봉기의 실패로 점철된 19세기가 지나갔고 20세기 초에 제1차 세계대전이 발발했다.

폴란드는 자신을 지배하던 독일, 오스트리아에 맞서서 제1차 세계대전에 참여하여 45만 명의 희생자를 냈다. 마침내 1918년에 폴란드는 공화국을 선포하고 연합국은 이를 승인하였다. 그러나 폴란드의 독립을 인정하지 않은 소련과 폴란드는 전쟁에 돌입하였고 그 전쟁에서 폴란드가 대승하여 독립을 유지할 수 있었다.

그러나 폴란드 공화국은 극좌와 극우의 심한 대립으로 정정이 불안하여 국력을 신장할 수 없었다. 마침내 1939년 독일이 폴란드를 침공하면서 제2차 세계대전이 발발하였다. 호시탐탐 폴란드를 노리던 소련은 독일과 불가침 조약을 맺고 폴란드를 분할하였다. 소련은 점령된 폴란드 지역에서 '카틴학살'(zbrodnia katyńska)과 같은 대대적인 탄압과 숙청을 자행하였다.

물론 나치 독일도 폴란드인들을 혹독하게 탄압했다. 폴란드는 이에 맞서 유럽에서 가장 큰 망명정부를 세워 연합군과 함께 독일에 저항하였다. 나치 독일은 점령지 폴란드에서 유대인을 학살하기 위하여 '아우슈비츠'를 위시한 6개의 유대인 수용소를 세웠다. 제2차 세계대전 동안 폴란드에서 유대인 300만 명과 폴란드인 280만 명이 독일군에 죽임을 당했다. 또한 소련과 싸우면서 40만 명 정도가 소련군에 죽임을 당했다. 제2차 세계대전이 끝나자 소련은 폴란드로 계속 서진하여 폴란드 영토였던 벨라루스, 우크라이나, 리투아니아를 반환하지 않고 점령했다.

얄타회담에서 스탈린은 처칠과 루스벨트를 기만하여 소련에 있던 좌익 폴란드 망명정부를 승인하였고 이 폴란드 좌익들은 정부 수립을 위한 1945년 총선거를 부정선거로 만들어 집권하게 되었다. 이렇게 부정선거로 세워진 폴란드 정부는 소련헌법을 채택하여 1952년 '폴란드 인민공화국'을 선포하였다.

폴란드가 공산화된 이후 수많은 반공주의자가 극심한 탄압을 받았으나, 폴란드는 동유럽 공산권에서는 상대적으로 자유로운 나라로 인식되었다. 마침내 1980년대에 들어서자 경제가 악화하고 사회가 불안정해지면서 폴란드에서 강력한 반체제조직인 소위, '자유노조'(독립자치노동조합 연대)가 결성되어 공산당 정부에 맞섰다. 결국 1989년 선거에서 자유노조를 이끈 '바웬사'가 총선에서 승리함으로써 폴란드 공산당 정부는 붕괴하였다. 이후 폴란드는 NATO와 EU 정식 회원국이 되었다. 최근에 폴란드에서 국교나 마찬가지인 로마-가톨릭의 가치를 실현하려고 하는 '법과 정의당'이 집권함으로써 강경한 우익의 모습을 보여 주고 있다.

폴란드 종교개혁과 반(反)종교개혁, 그리고 공산주의

폴란드 종교는 로마-가톨릭의 지배화 과정이라 요약할 수 있다. 물론 로마-가톨릭은 폴란드 정치체제와 밀접하게 연결되어 전개되었다. 특별히 종교개혁과 그것을 지지하는 귀족 세력과 로마-가톨릭과 교황에 의존하던 왕의 세력들 사이에 상당한 긴장과 투쟁이 있었다.

요컨대, 폴란드는 종교개혁과 반종교개혁이 치열하게 전개된 곳 가운데 하나이다. 반종교개혁 측인 로마-가톨릭의 승리로 이 전쟁은 끝이 났지만, 국가권력과 긴밀했던 로마-가톨릭은 폴란드 국가의 운명에 의존하여 발전과 위기를 반복했다. 특히, 공산주의 정권이 수립됨에 따라 로마-가톨릭을 위시한 모든 기독교 종파들은 상당한 박해를 당하거나 공산당과 타협하여 생존의 길을 걷기도 했다.

종교개혁과 반(反)종교개혁

종교개혁이 일어나기 1세기 전에 체코(보헤미아) 지역에 '후스'(Jan Hus, 1369~1415)에 의하여 종교개혁이라고 불릴 만한 일이 일어났다. 그러나 이 개혁은 후스가 화형을 당함으로써 끝나는 것 같았다. 그러나 이 개혁의 물결은 교황을 등에 업은 신성로마제국과 '후스파'의 수십 년의 전쟁으로 이어졌다. 1411년 신성로마제국의 왕이 된 '지기스문트'(Sigismund, 1368~1437)는 당시의 교황을 폐위시키고 다른 교황을 세울 정도로 막강한 힘을 가지고 있었다. 그는 후스의 사형으로 촉발된 후스파의 반란을 진압하는 데 온 힘을 쏟았다.

1419년에서 1434년까지 지속된 후스파와 신성로마제국과의 전쟁은 당시 국제적인 역학을 변모시켰다. 독일군이 주력인 신성로마제국군대는 제국 내부의 분란과 폴란드-리투아니아 연합국의 왕, '블라디슬라프 2세'(Władysław II Jagieło, 요가일라 왕)가 지기스문트 왕에게 협조하지 않음으로써 체코에 있는 후스파를 진압할 수 없었다.

그러나 신성로마제국은 운이 좋게도 승기를 잡았다. 후스파가 온건파인 '유트라퀴스트'(Utraquist)와 급진파인 '타보라이트'(Taborite)로 분열되어 있어서 신성로마제국은 온건파를 활용해 급진적 타보라이트를 괴멸시켜 후스파를 완전히 진압할 수 있었다.

당시, 폴란드와 리투아니아(현재 리투아니아, 벨라루스, 우크라이나)를 아우르는 왕이었던 '블라디슬라프 2세'(요가일라)는 로마-가톨릭의 압력에 굴복하여 후스를 추종하는 소위, 후스 교도를 불법화하는 '비엘룬(Wieluń) 칙령'을 1424년에 공포하였다. 이 칙령 선포는 오랜 기간 종교적 관용의 전통을 고수하던 폴란드에 오점을 남긴 사건이었다. 그러나 블라디슬라프는 신성로마제국과 헝가리에 적대적인 후스파를 은근히 지원하면서 헝가리가 차지하던 루마니아 지역과 북동부 유럽을 확보하였다.

우쯔의 개혁교회 예배당

폴란드의 종교개혁을 말할 때, '존 알라스코'로 알려진 '얀 라스키'(Jan Laski, 1499~1560)와 '미코와이 레즈'(Mikołaj Rej, 1505~1569)를 빼놓고는 이야기할 수 없다. 영국에서 주로 존 알라스코로 활약한 얀 라스키는 처음에는 가톨릭의 사제였지만 영국과 폴란드에서는 목사로서 복음주의 교회와 칼빈주의 교회를 조직하였다. '피의 메리'가 영국을 통치하던 1553년, 그는 탄압을 피해 1556년에 고국, 폴란드에 돌아와서 활발한 종교개혁 운동을 전개하였다.

그는 폴란드 왕의 도움을 얻어 왕권에 기초한 중앙집권화된 국가교회로서 개혁교회를 조직하려고 했다. 비록 얀 라스키의 계획은 실패했지만, 그는 '소(小)폴란드'(Lesser Poland)에서 기존의 교회를 총회-노회 구조로 재조직화하고 성례전을 단순화하였다. 아울러 교회에 칼빈주의 교리 문답을 도입하였고 귀족들에게 교회를 지원하는 의무를 부과하며 교회 재정을 통제하였다. 얀 라스키는 신학교를 세워 엄격한 기준으로 신학생을 선발하며 미래의 목사를 배출하였다. 또한 그는 활발한 선교활동을 벌여서 그가 활동하던 시기, 교회 회원 수가 3배나 증가하였다.

'미코와이 레즈'는 얀 라스키와 동시대의 인문학자, 작가이며 신학자이다. 그는 폴란드 문화에 인문학, 교양이라는 의미의 '후마니타스'(Humanitas)를 보급하였고 '폴란드 문학의 아버지'라고 불릴 정도로 폴란드 문학을 만들어 내는 데 혁혁한 공을 세웠다.

그는 1540년대에 루터교, 칼빈주의로 개종하면서 자기의 재산으로 교회와 학교를 세웠다. 미코와이 레즈는 폴란드어를 사용하여 교훈적이고 도덕적이며 인문적인 인간을 자기 작품 속에서 구현했다. 그는 자기 작품 속에서 신성한 질서를 반영하며 이 세상에서 신적인 모델을 따라가는 인간을 구현하였다.

폴란드에서는 독일에서 종교개혁이 일어날 때 거의 같은 시기에 종교개혁이 시작되었다. 루터교는 주로 폴란드 지역의 농민들이 받아들였고 칼빈주의는 폴란드 귀족들이 받아들였다.

1573년경에는 폴란드-리투아니아 연방의 의원들 다수가 개신교인들이었기에 '종교적 관용의 법'을 통과시켰다. 당시 폴란드 연방의 기독교 인구 중 1/7이 개신교인이었다. 1550~1570년대에 小폴란드와 大폴란드에는 체코인들이 중심이 되어 형제회가 결성되었고 나중에 '小폴란드 형제회'는 '회중교회', '大폴란드 형제회'는 '장로교'가 되었다. 1563년에 폴란드어 성경이 나왔는데, 당시 폴란드 인구의 20% 이상이 개신교인이었다.

이런 종교개혁의 흐름에 맞서 교황청은 예수회를 폴란드에 보내어 反종교개혁 캠페인을 벌였다. 예수회를 위시한 가톨릭 당국은 검열과 개신교인들의 활동 금지를 통하여 교회를 핍박하였다. 또 폴란드에서는 개신교 예배당의 건축이 금지되었다. 특히 폴란드에서는 가톨릭교도가 아니면 공직이나 의회에 진출할 수 없었다. 그러나 폴란드의 반종교개혁은 다른 외국에 비해 상당히 온건하게 진행되었다. 그러한 정책은 결국 성공했다.

귀족들이 공직에 진출할 수 없는 것에 두려움을 느껴 다시 가톨릭으로 개종하였고 17세기에 개신교의 나라, 스웨덴과 전쟁할 때 개신교가 스웨덴 편을 들면서 개신교는 反애국적인 종교로 낙인찍혔다. 이렇게 하여 폴란드에서는 종교개혁 후 200년이 지난 18세기 중엽에 반종교개혁이 성공하였다. 특이한 점은 비교적 평화적인 방식으로 로마-가톨릭의 반종교개혁이 성공하게 되었다는 것이다.

이렇게 하여 18세기 중엽에 이르면 로마-가톨릭이 폴란드의 지배적인 종교가 되어 폴란드의 민족종교라고 불러도 손색이 없을 지경이 되었다. 그러나 러시아에 의해 분할 지배된 지역에서는 칼빈주의 개혁교회가 자유롭게 활동하였다. 20세기에 들어와 폴란드 공화국이 생존할 때만 개신교의 단기간 부흥이 있었다. 하지만 나치와 소련이 분할 통치할 때, 개신교는 엄청난 탄압을 경험하였다.

1940년에는 폴란드 '우쯔'(Łódź)에서는 루터교 목사들의 설교가 금지되었고 개혁교회 총감독, '스테판 스키에르스키'(Stefan Skierski, 1873~1948)가 이끌던 개혁교회는 1944년 바르샤바 봉기 이후 완전히 붕괴하였다. 이 사건의 여파로 목사들과 신자들은 강제노동, 추방, 혹은 처형되었다.

폴란드 공산화와 기독교

폴란드의 스탈린, 고무우카

1947년 폴란드는 총선을 실시하였다. 부정선거로 정권을 잡은 공산당의 탄압은 혹독했다. 총선 결과, '폴란드노동자당'(PPR)과 '폴란드사회당'(PPS)을 비롯한 '민주블록'(Blok Demokratyczny)이 총의석수의 80%를 차지했다. 당시 총선에서 소련의 조종을 받는 폴란드 위성 정부가 선거를 관리했다. '우익은 나치'라는 정부의 선동으로 모든 우익 정당이 금지된 상태에서, 총선은 공산당을 비롯한 좌익 정당들만의 선거가 되었다.

폴란드 노동자당의 사무총장 '브와디스와프 고무우카'(Władysław Gomułka, 1905~1982)는 반대파를 무자비하게 제거했다. 정부는 야당 당원들 40만 명을 선거인 명부에서 삭제했다. 총선 전에 당시 야당인 인민당 당원들 8만 명을 조작된 범죄 혐의로 체포하였고 100명 이상의 사람이 살해되었다.

주목할 것은 소련이 지휘하는 부정선거 기술자들이 움직였다는 사실이다. 선거 기술자들은 자신들이 완벽히 통제하는 지역에서는 투표함을 개표하지 않고 파괴했다. 어떤 지역에서는 준비한 투표함과 실제 투표함을 바꿔치기하였고 어떤 곳에서는 개표도 하지 않고

문서에 준비된 숫자만 기록하였다.

이런 상황에서 선거를 관리하던 공산당 정부는 자신들의 압도적인 승리를 '예측'했다. 실상, 그것은 예측이 아니라 음모와 계획이었다.

부정선거로 정권을 잡은 폴란드 공산당은 마르크스-레닌의 이론에 따라 종교를 말살하고 과학적인 무신론을 적극적으로 선전하고 교육하였다. 개신교가 거의 말살당한 상태에서 공산당의 박해는 폴란드 민족종교라 할 수 있는 로마-가톨릭에 집중되었는데, 특히 가톨릭의 사제들과 수도승에 집중되었다. 그럴수록 로마-가톨릭은 공산당에 대해 더욱 저항하였다.

이런 상황에서 공산당은 폴란드 국민과 문화로부터 로마-가톨릭을 분리하는 전략을 택하였다. 바티칸과 가톨릭을 분리하고 적대시키는 것, 국민에게 가톨릭에 적대감을 유발하는 것, 지도자를 교체하는 것과 같은 정책을 폈다. 특히, 주목할 것은 가톨릭의 사제들을 두 개의 적대적인 진영으로 구별하는 공산당의 전략이었다.

공산당은 공산당에 충성하는 소위, '애국 사제'라는 단체를 만들어 사제계급을 분열시켰다. 1955년에 폴란드의 가톨릭 사제 11,000명 가운데 15%가 '애국 사제'에 가담하였다. '애국 사제'들은 세금 면제, 휴가, 재정지원 등의 온갖 특혜를 받았다. 공산당은 온갖 협회나 위원회라는 이름으로 가톨릭에 공산당 세포를 심어 놓았다.

'가톨릭 사회 클럽'(Catholic Social Club)과 '어린이 친구회'(TPD)는 시민과 아동에게 공산당을 지지하고 무신론과 공산주의를 학습시키는 주요한 기관이었다. 특히 '어린이 친구회'는 가톨릭 학교에서 종교 교육을 폐지할 목적으로 500여 개의 학교에서 설립되었다.

이후, 1970년 '에드워드 기렉'(Edward Gierek, 1913~2001)이 폴란드 공산당의 새로운 지도자가 되면서 공산당의 반종교정책이 상당히 완화되었고 폴란드 출신의 교황, 요한 바오로 2세가 등장함으로써 폴란드 로마-가톨릭은 새로운 전기를 마련하면서 폴란드 공산당에 반대하는 가장 큰 세력이 될 수 있었다. 국내에서는 '스테판 비진스키'(Stefan Wyszyński, 1901~1981) 추기경은 폴란드 민족주의와 폴란드 가톨릭을 강력하게 만드는 구심점이 되었고 80년대의 자유노조와 함께 반공산주의 활동의 토대를 마련하였다.

5. 루마니아, 기독교와 공산주의

루마니아 개관

루마니아 정교회, 삼위일체 성당

    루마니아는 동유럽의 민주공화국으로 국명은 '레푸블리카 로므니아'(Republica România)이다. 나라의 크기는 약 238,000㎢로 한반도보다 약간 크다. 루마니아는 동유럽의 중부에 해당하는 북위 44도, 동경 26도에 있으며 수도는 부쿠레슈티(București)이다. 2021년, 인구는 대략 1,900만 명 정도이며 일인당 GNP는 15,000달러이다.

    인구 대부분이 루마니아어를 사용한다. 루마니아 서쪽에는 헝가리와 세르비아가 있고 남쪽은 도나우강을 경계로 불가리아가 있다. 동쪽에는 흑해와 몰도바가 있고 북쪽에는 우크라이나가 있다. 이러한 지정학적 위치로 말미암아 러시아, 오스트리아, 오스만튀르크로부터 오랜 기간 식민지의 고통을 겪었다. 주변 민족이 대부분 슬라브족이지만 루마니아인들은 라틴족이다. 따라서 루마니아어도 라틴어 계열이다. 인구의 89%가 루마니아인이고 헝가리와 접한 중서부지역인 트란실바니아(Transilvania)를 중심으로 헝가리인이 6.5% 살고 있다.

루마니아 역사

오스만튀르크와 러시아 사이에서 북부 중심의 트란실바니아와 남부 중심의 왈라키아(Țara Românească, 차라로므네아스커), 그리고 몰다비아 공국으로 분열되었던 루마니아는 1877년 5월에 오스만튀르크로부터 루마니아 왕국으로 독립하였다.

제1차 세계대전 시기에 연합국에 가담한 이유로 독일과 그 동맹국에 의해 침략을 당했지만, 전쟁이 끝나자마자 영토를 크게 확장하게 되었다. 1939년 독일과 불가침 조약을 맺은 소련은 루마니아에 영토를 요구하였다. 이에 루마니아는 소련에 굴복하였고 소련은 1940년에 루마니아의 북쪽 일부를 점령하였다. 그러자 루마니아는 곧바로 독일 진영에 가담하여 제2차 세계대전에서 패배한 국가가 되었다. 1944년에 다시 소련이 북부지방을 점령하였고, 1945년에는 공산주의자들이 주도하는 내각이 조직되었다. 1946년에 총선거가 이루어져 농민당이 압도적으로 승리하였지만, 소련은 부정선거를 지휘하여 1947년에 왕을 퇴위시키고 '루마니아 인민공화국'을 수립하였다.

보편적 교회 vs 민족적 교회

　루마니아에서 가장 큰 교단은 루마니아 정교회와 루마니아 그리스-가톨릭 연합교회(Biserica Română Unită cu Roma)이다. 그리스-가톨릭 연합교회는 '로마 연합 루마니아 교회'라고 불리기도 한다. 요컨대, 루마니아에서 로마-가톨릭과 동방정교회를 연합한 교회가 생긴 것이라고 평가할 수 있다.

　1700년경, '아타나시 앙헬'(Atanasie Anghel, ?~1713) 주교가 동방정교회와 로마-가톨릭의 연합을 완성함으로써 '루마니아 그리스-가톨릭'교회가 탄생했다. 루마니아 그리스-가톨릭 연합교회는 로마 교황의 권위를 인정하는 대가로 그리스-비잔틴 전례를 인정받게 되었다. 가령, 그리스-가톨릭이 로마 '교황의 권위', '연옥의 존재', '필리오퀘 교리' 등을 인정하면 로마-가톨릭은 루마니아 그리스-가톨릭을 인정한다는 것이다. 그런 과정에서 1761년 '페트루 파벨 아론'(Petru Pavel Aron, 1709~1764)이 불가타 성경을 루마니아어로 번역했다.

　루마니아 그리스-가톨릭은 공산당이 정권을 잡자마자 심한 핍박을 당하였다. 루마니아 공산당은 스탈린의 명령에 따라 루마니아 주교 12명 전원을 해임했다. 그리스-가톨릭 연합 교회 250주년 기념식이 열리는 날, 공산당은 '자발적인', '자원하는' 명목으로 그리스-가톨릭 연합교회 신자 150만 명을 루마니아 정교회로 이적시켰다. 4개의 대성당 소유권은 루마니아 정교회로 이전시켰고 나머지 교회 재산은 국가소유로 찬탈하였다. 동시에 주교들과 사제들은 소위, '반동적인' 로마-가톨릭과 연계되었다는 것과 '반민주적인 행위'를 했다는 것으로 숙청되었다. 동시에 루마니아 정교회에서도 부분적인 숙청이 있었다.

루마니아 그리스-가톨릭과 쌍벽을 이루는 것이 루마니아 정교회(Biserica Ortodoxă Română)이다. 루마니아 정교회는 동방정교회와 친교를 나누는 동방정교회의 9개 총대주교청 가운데 하나이다. 루마니아 총대주교청은 루마니아와 몰도바를 담당한다. 참고로 루마니아 인구의 86%가 정교회 신자들이다.

루마니아 정교회는 19세기에 설립되었다. 1878년에 루마니아 왕국 전신이었던 몰다비아와 왈라키아 연합 공국의 독립이 국제적으로 승인되었다. 이후 1885년에 루마니아 정교회가 독립된 총대주교청으로 승인되었다. 루마니아 왕국과 함께 루마니아 정교회는 연동되어 번성하였다. 제1차 세계대전에 승리한 루마니아는 새로 획득한 영토에 루마니아 정교회를 조직하고 지원했다. 루마니아 정부의 상원에 루마니아 정교회 주교가 한 자리를 차지하는 법률이 있을 정도였다. 국가와 한 몸이 된 루마니아 정교회는 루마니아 민족주의의 화신이 되었다.

이러한 루마니아 민족주의는 루마니아 신학 사상에도 나타났다.

일부 인종이 우월하고 유대인은 배척되어야 한다는 반유대주의를 공공연히 주장하는 신학자가 나타나기도 했다. 1936년에 '니치포르 크라이니'(Nichifor Crainic, 1889~1972)는 『인종과 종교』(Rasă și religiune)라는 제목의 획기적인 텍스트를 출판했다. 그는 여기서 예수님이 구약을 성취했기 때문에 유대인은 구약을 사용하지 않아야 한다고 주장했다.

루마니아 국가와 루마니아 정교의 일체화 현상은 1938년 '미론 크리스티아'(Miron Cristea, 1868~1939) 총대주교가 총리가 될 때 정점에 도달하였다. 그는 유대인 추방과 고용금지라는 급진적인 반유대 정책을 폈다. 1944년까지 루마니아 정교회는 '반유대주의'와 '반볼셰비즘'을 결합한 개념인 反유대-볼셰비즘으로 무장하여 反소련 입장이 확고하였다. 하지만 1945년에 '페트루 그로자'(Petru Groza, 1884~1958)가 소련의 지원으로 총리가 되자마자 루마니아 정교회는 변신하기 시작했다.

1947년부터 시작된 공산당 통치 아래 루마니아 정교회는 허용되었다. 그러나 정교회는 공산당 정부의 간접적인 통제를 받았다. 공산당의 탄압은 개별적으로 이루어졌다. 가령, 1947년에 공산당을 반대한 3명의 대주교가 급사했고 13명의 주교가 공산당에 체포되었다. 공산당은 사제들에게 정년을 부과했고 정년 이후에 국가연금을 주는 방식으로 성직자들을 교묘하게 통제하였다. 공산당은 복음주의 종파인 '주님의 군대'와 로마-가톨릭과 연계된 그리스-가톨릭 연합교회를 해체하고 모든 교파를 루마니아 정교회로 통합시키며 정교회를 대대적으로 육성했다. 국가에서 주교와 사제에게 급여를 지급하고 교회가 신학 서적과 신학 잡지를 출판하도록 재정적으로 지원하였다.

공산당은 정교회 내부에 침투하여 공산당을 반대하는 사제를 색출하여 처단하였다. 이런 방식으로 교회를 강력한 공산당 조직으로 만들었다. 이렇게 탄생한 조직이 '민주 사제연맹'(Union of Democratic Priests)이었다. 공산당 세포와 비밀경찰이 들어 있는 이 조직은 공산당이 정교회를 통제하는 강력한 기관이었다. 이렇게 공산당에 의하여 길든 루마니아 정교회는 1962년부터 공산당과 일체화가 진행되었다. 정교회 성직자들은 차우셰스쿠 정권의 외교 정책을 일관되게 지지했고, 국내 정책에 대한 비판을 자제했으며, 소련과 헝가리에 대한 루마니아 정부의 노선을 지지했다. 1989년에는 두 명의 주교가 의회에 들어갔다.

어용 신학자들은 이러한 교회의 상황을 신학적으로 합리화하기 위하여 괴이한 신학 이론을 만들기도 했다. 총대주교 '유스티니아누스'(Patriarch Justinian, 1901~1977)는 소위 '사회적 사도직'(Social Apostolate)이라는 불리는 새로운 교회론을 만들었다. 이 이론이 주장하는 것은 교회가 세속 정부에 충성하고 봉사해야 한다는 것이다.

루마니아 기독교와 공산주의

루마니아 공산화 과정

1944년까지 루마니아는 독일과 동맹하여 연합국의 한 축인 소련과 몰다비아 전선에서 격전을 벌이고 있었다. 독일과 동맹을 맺은 '안토네스쿠'(Ion Antonescu) 정부를 전복하고 공산정권을 수립하기 위해 두 명의 루마니아 공산주의자가 당시 왕이었던 '미하이 1세'(Mihai I al României, 1921~2017)를 유혹하여 왕이 주도하는 친위 쿠데타를 일으켰다.

두 명의 공산주의자의 계획은 미하이 왕으로 하여금 군대의 총구를 소련에서 독일로 돌리도록 하고 안토네스쿠 수상이 연합군과 휴전하도록 명령하는 것이었다. 하지만, 그것은 왕의 명령에 안토네스쿠가 불복하면 수상을 체포하려는 계략이었다.

쿠데타를 기획하고 주도한 공산주의자들은 '에밀 보드나라슈'(Emil Bodnăraș, 1904~1976)와 '루크레슈 파트라슈카누'(Lucrețiu Pătrășcanu, 1900~1954)였다. 보드나라슈는 루마니아 공산당 정권을 세우고 상당한 영향력을 행사한 정치인이었다. 그는 소련에서 비밀첩보 훈련을 받고 루마니아에 투입된 소비에트 비밀 첩보원이었는데, 1935년에는 체포되어 5년간 감옥에 있기도 했었다.

1944년 8월 23일 쿠데타가 발생했을 때, 보드나라슈는 지하에 있는 군대조직을 통하여 몰다비아 전선에서 소련군과 싸우던 루마니아 군대를 동요시키며 내란에 직접 개입하였다. 동시에 안토네스쿠 수상을 체포, 구금한 후에 그를 소련군에 넘겼다. 더욱이 그는 내각회의 의장이 되어 1946년 부정선거를 지휘하였고 이후에 국방부 장관과 부총리를 하면서 군대를 소련식으로 개조하였다.

파트라슈카누는 법학과 경제학을 전공한 박사이며 부쿠레슈티 대학의 교수였고 루마니아 공산당 창립회원이었다. 그는 1921년에 루마니아 공산당을 창립하였다. 이후 코민테른(소련이 주도하는 공산주의 국제조직)에서 루마니아 공산당을 대표하여, 1930년대에 소련에 머물렀다. 그런데 파트라슈카누는 소련에서 스탈린의 사상에 반대하기 시작하였다.

그러다가 1944년 쿠데타가 일어나자, 그는 루마니아 공산당의 대표로 그 쿠데타에 직접 관여했고 쿠데타로 수립된 정권에서 법무장관이 되었다. 스탈린주의에 비판적이었던 파트라슈카누는 1946년, 학생들의 시위에 대하여 "공산주의자가 되기 전에 루마니아인이 되어라."라고 할 정도로 민족주의자로 변했다. 결국, 그는 이것 때문에 '부르조아 민족주의, 쇼비니즘'이라는 죄목으로 1948년에 체포되어 1954년에 총살되었다. 하여간, 공산당 세력이 미하이 왕을 충동하여 일으킨 1944년 쿠데타는 공산정권을 수립하는 중간단계로 러시아 혁명기에 레닌이 사용한 통일전선전술로서 공산당이 사용하는 전형적인 전술 형태이다.

쿠데타 이후 루마니아 공산당 정권을 세운 일등 공신은 좌익 농민 조직인 '쟁기병 전선'의 지도자, '페트루 그로자'(Petru Groza, 1884~1958) 이었다. 그는 1946년 11월 19일 총선까지의 과도적인 연립정권을 이끌고 소련과 루마니아 공산당(RCP)의 계획대로 통일전선을 이루어 공산당 일당독재의 토대를 마련했다.

과도적인 연립정부하에서 미하이 1세를 지지하는 세력과 공산당이 이끄는 민주연합블록(BPD)이 파국적인 대결로 나아갔다. 소수파인 공산당이 권력을 잡고 일당독재로 나아가기 위한 강력한 무기가 통일전선이라는 것이 그로자 내각과 민주연합블록(BPD)을 통하여 명확하게 보여 주었다. 그로자와 BPD가 국왕과의 불안한 동거를 끝내고 공산주의 국가를 세우는 데 마침표를 찍은 것이 1946년 총선거였다.

그로자가 국왕을 축출하고 공산당 정권을 세우려면 총선에서 압도적으로 승리해야 했다. 승리를 위해서 그로자와 루마니아 공산당은 부정선거를 기획하고 집행했다. 우선 그들은 왕과 국가의 편을 들었던 상원을 해체했고 둘째로 득표율 40% 이상의 당에 주어지는 다수결 혜택을 제거했다. 이것들은 공산당이 소수인 상태에서 공산당 일당독재의 토대를 마련하는 아주 노련한 책략이었다.

부정선거와 공산정권 탄생

1946년 11월, 루마니아 총선거는 총체적인 불법 선거였다. 그것은 루마니아 공산당과 소련이 연출하고 그로자 내각이 기획하고 집행한 불법, 사기 선거였다. 또한 부정한 개표를 통하여 이루어진 불법 개표 선거였다. 연립정당인 BPD는 기껏해야 46%를 득표했음이 나중에 밝혀졌지만, 개표 사기를 통하여 압도적 다수로 의회를 지배하게 되었다.

그로자 내각은 여성의 참정권과 군인, 공무원의 참정권을 보장한다는 명목으로 여성과 공무원에 환심을 샀다. 동시에 다양한 협박과 부정적이고 사기적인 방식을 통하여 투표 전 과정에 영향을 미쳤다. 결국 공산당이 조종하는 민주연합블록(BPD)이 70%를 획득하였고 공산당에 우호적인 정당까지 합하면 91% 득표로 압도적으로 좌파연합이 승리한 것으로 결말이 났다.

루마니아 선거에서 이루어진 부정선거 방식은 1) 정치 지도자 암살, 2) 집회, 결사의 자유의 심각한 훼손, 3) 여당인 BPD의 승리를 위해 국가기관과 세금 동원, 4) 투표하기 전 투표함에 여당표 투입, 5) 개표 후 감사와 조사를 방해할 목적으로 정부 당국은 모든 투표소를 소각하는 방식이었다.

기독교 교회와 공산화

루마니아 공산당 정권을 세우고 그 정권을 공고히 한 루마니아의 김일성 같은 인물인 공산주의자, '게오르게 게오르기우데지'(Gheorghe Gheorghiu-Dej, 1901~1965)와 함께 좌익 연합 내각인 그로자 내각에서 종교부 장관을 하다가 축출된 '콘스탄틴 부르두케아'(Constantin Burducea)는 루마니아 공산주의 건설과 그 과정에서 좌파교회와 좌파 목사의 역할을 잘 드러낸 전형적인 인물이다.

루마니아 교회 공산화의 주역, 부르두케아

부르두케아는 루마니아 정교회 사제이며 '루마니아 민주 사제 연합'(Uniunea Preoților Democrați Români)을 이끌고 루마니아 정교회가 공산당에 부역하는 노정의 기초를 놓았다. 루마니아 공산화 초기에서 가장 기회주의적인 처신을 한 부르두케아는 "때로는 별(공산당)과 함께, 때로는 십자가(정교회)와 함께"한 목사라는 평가를 받고 있다. 또한 그는 사제 기금의 돈을 횡령한 혐의와 왕을 몰아내는 폭동의 실패로 말미암아 루마니아를 탈출하여 국제적인 미아로 전락한 신세가 되었다.

오랜 기간 외국의 통치자들에게 복종한 루마니아 정교회의 전통을 소련과 루마니아 공산당은 교묘하게 이용하였다. 루마니아 공산당은 종교가 공산주의의 적이고 결국 소멸할 것이라 보았지만 정권에 복종하는 교회가 정권 유지에 효과적이라는 것도 깨달았다. 공산당이 선택한 것은 루마니아 정교회로 모든 종파를 통합시키고 루마니아 정교회를 철저하게 공산당에 복종시키는 것이었다. 물론 정교회는 통합과 정권에 복종하는 대가로 상당한 혜택을 누리게 되었다.

공산화 이후 루마니아 기독교에서 가장 막대한 타격을 입은 종파는 루마니아 그리스-가톨릭 연합교회였다. 150만 명의 교인을 가지고 있던 그리스-가톨릭 연합교회는 사라지고 루마니아 정교회로 통합되었다. 1948년부터 1965년까지 루마니아 공산당은 교회의 영향력을 축소하려고 온갖 수단을 동원했다. 먼저, 공산당과 정권의 정책에 반대하는 종파나 성직자들을 체포, 구금, 학살했다. 반면에 공산당의 정책에 복종하는 종파와 성직자들은 상당한 이익과 혜택을 누렸다. 그리스-가톨릭 연합교회 주교, 11명이 감옥에서 죽었고 400명의 사제가 살해되었다.

공산당은 로마-가톨릭을 불법화하고 교황청과의 협정도 폐기하였다. 소련의 종교정책에 따라 모든 종교 교육기관을 불법화했다. 헌법에도 종교의 자유를 제한하는 문구를 명확하게 했다. 모든 종교기관의 의식과 관행은 헌법, 안보, 도덕에 어긋나지 않아야 한다고 헌법에 명문화했다. 따라서 헌법상 종교의 자유는 이러한 단서 규정으로 유명무실하게 되었다.

학교에는 '성화상' 대신에 공산당 지도자의 사진이 걸렸고 교회와 종교학교의 모든 활동은 '공공 안전'이라는 명목으로 항상 불법화할 수 있었다. 교회의 모든 활동을 통제하기 위하여 공산당은 모든 종파에 중앙기관을 설치하라고 명령했다. 물론 그러한 중앙기관은 국가의 승인을 받아야 했고 종교적인 신앙고백을 기초로 한 모든 정당은 금지되었다. 신학교도 거의 폐쇄되었고 공산당이 통제하는 소수의 신학교만 남게 되었다.

아울러 루마니아 공산당은 종교의 말살을 위한 무신론 교육도 강화했다. 1949년에 미신과 신비주의, 부르주아 이데올로기를 파괴할 목적으로 '과학 문화 대중화 협회'(the Society for the Popularization of Science and Culture)를 조직하여 공산주의를 선전, 교육했다.

정교회의 희생과 공산당에 부역

독재자, 게오르기우데지

루마니아 공산당의 최고 지도자, 게오르기 우데지는 1945년에서 1952년까지 8만 명의 종교인을 체포하였고 그중 3만 명을 투옥하였다. 소위, '반동적인 사제'로 찍힌 사람들은 체포되고 투옥되었다. 이런 사람 가운데 루터교 목사였던 '범브란트'(Richard Wurmbrand, 1909~2001)가 있다. 그는 감옥에서 14년 동안 있었는데, 감옥에서 고문과 세뇌를 당하였다고 폭로했다. 범브란트는 아침 5시부터 밤 10시까지 "공산주의는 좋다, 기독교는 어리석다, 더 이상 아무도 그리스도를 믿지 않는다, 포기하라"라는 공산당의 말을 들으며 세뇌당했다. 성직자들은 신학교에서 '선교사 과정'이라는 명목으로 세뇌 교육을 받았고 그 과정에 해당하는 시험을 통과해야 했다.

수많은 종파와 교회가 불법화, 폐쇄되었고 많은 성직자가 체포, 학살되었다. 또한 교회의 재산과 종교적인 시설들이 국가와 공산당에 의해 탈취되었다. 공산당이 이렇게 교회를 탄압할 때 공산당에 복종하고 충성한 사제들은 교회의 자원을 사용하며 동료 성직자에 대한 테러, 체포와 학살에 적극적으로 협력하였다. 이러한 교회의 공산당에 대한 부역은 공산주의를 수용한 국민의 선택처럼 보이기도 하였다. 공산당에 충성한 대가로 교회의 성직자들은 국민의 평균에 해당하는 봉급을 받았다. 그들이 30개의 성당을 새로 건축할 때 정부 보조금을 받았고 많은 종교 서적을 자유롭게 출판하였다.

루마니아 공산당은 국제적인 관계를 증진하기 위해 루마니아 정교회를 이용했다. 공산당은 루마니아 정교회를 통하여 영국 성공회와 WCC에 적극적으로 관여하였다. 그러나 루마니아 정교회는 로마-가톨릭과는 적대적인 관계를 지속하였다. 1962년 '바티칸 공의회' 때 루마니아 정교회는 공산권에서 유일하게 정교회 대표를 보내지 않았다.

이런 상황에서, 1965년 루마니아를 방문한 성공회 대주교, '마이클 램지'(Michael Ramsey, 1904~1988)가 루마니아의 경제적 성과를 칭찬하면서도 루마니아 공산당의 기독교 탄압에 대해서는 침묵했다는 사실은 거의 알려지지 않았다.

6. 몰도바, 기독교와 공산주의

몰도바는 루마니아와 민족적, 문화적, 역사적 공통점이 많은 민주공화국이다. 아울러 과거에 러시아와 소련이 '베사라비아'라고 불렀던 러시아의 식민지였고 현재도 러시아가 탐을 내는 나라이다. 1992년에는 트란스니스트리아를 둘러싸고 루마니아가 지원하는 몰도바와 러시아와 우크라이나가 지원하는 트란스니스트리아가 전쟁을 벌이기도 하였다.

몰도바 개관

몰도바는 동유럽에 있는 민주공화국으로 흑해에 가까운 곳에 있는 내륙국가이다. 수도는 키시너우이고 북위 47도 동경 28도에 있다. 공식 언어는 루마니아어이고 국민 구성은 루마니아인으로 통칭할 수 있는 몰도바-루마니아인이 82%, 우크라이나인이 6.6%, 러시아인이 4% 정도이다. 인구의 92%가 동방정교회에 속한 몰도바 정교회 신자이다. 몰도바의 남쪽과 서쪽은 루마니아이고 북쪽과 동쪽, 그리고 남동쪽은 우크라이나이다.

몰도바 영토는 경상도 면적과 비슷한 33,800㎢이고 인구는 2021년, 260만 명 정도이다. 일인당 GDP는 4,700달러 정도이고 몰도바의 주된 산업은 농업이다. 농산물, 의료용품과 기계류를 수출하고 광물, 기계, 전자제품 등을 수입한다. 의원내각제를 하는 민주공화국이지만 대통령을 직선으로 선출하는데 공산당과 친러파가 집권하기도 했다.

몰도바 역사

몰도바는 20세기까지 루마니아와 분리할 수 없는 민족적, 문화적, 종교적 관계를 맺고 있었다. 역사적 문헌에서 이 지역과 루마니아 전역을 통합한 최초의 왕은 다키아 왕국의 '부레비스타'(Βυρεβίστας, B.C. 82~B.C. 45)였다. 그러나 B.C. 1세기에서 A.D. 2세기까지 루마니아 전 지역과 흑해 서부 해안을 지배하며 로마제국과 전쟁을 한 '다키아 왕국'의 마지막 왕이었던 '데케발루스'가 106년에 로마의 '트라야누스' 황제에 패배하여 로마의 속주가 되었다.

이후 몰도바 지역은 게르만족과 슬라브족에게 정복당했다. 서로마가 멸망한 다음 이곳에 정착한 슬라브족들은 라틴어를 받아들이면서 몰도바-루마니아 국가의 원형을 갖추기 시작했다. 이후 고트족, 아바르족, 훈족, 불가르족, 마자르족, 루스족의 침략을 받았다.

이전에 '블라흐'(Vlach)라 불렸던 이 민족은 13세기에는 '볼로호비아'(Болоховци)라는 이름으로 헝가리와 동맹을 맺기도 하였다. 몽골이 키예프를 침략했을 때, 블라흐는 몽골군을 지원하기도 하였다. 14세기에 동방정교회를 국교로 삼은 루마니아인들은 몰다비아 공국(Principatul Moldovei)을 수립하였다.

14세기 중엽(1345~1361)에 헝가리 제국의 군인이었던 '보이보데 드라고슈'(Dragoş Vodă)는 헝가리 군대가 몽골군의 일파였던 황금 군단(Golden Horde)에 대패하자, 바이아와 시레트와 색슨족을 규합하여 몰다비아 공국을 수립하였다. '슈테판 3세'(Ştefan cel Mare, 1433~1504) 때에는 오스만 제국의 침략을 격퇴하였고 헝가리와 폴란드의 위협을 성공적으로 물리쳤다.

　헝가리와 폴란드 사이에서 결국 폴란드와 동맹을 맺었던 몰도바-루마니아는 오스만튀르크와 헝가리의 협공을 받다가 결국 1538년 오스만 제국의 속국이 되었다. 한편으로 트란스니스트리아는 줄곧 폴란드-리투아니아 연방에 속했지만, 몰도바인으로 구성된 코자크 군대에 점령당하기도 하였다.

　1812년 부쿠레슈티 조약으로 몰도바 공화국의 동부지역은 러시아 제국의 영토가 되었고 러시아 제국에 속한 '몰다비아' 혹은 '베사라비아'(Бессарабская губерния)라고 불렸다. 이후 파리조약(1856)에 따라 베사라비아 남부는 몰다비아로 독립하였다. 이후 1859년에는 왈라키아와 통합하여 루마니아가 되었다가 1879년 베를린 조약으로 루마니아의 3개 주를 러시아에 양도하였다. 러시아는 몰도바-루마니아를 식민화하는 동안에 이 지역에 유대인, 우크라이나인, 독일인, 폴란드인들을 이주시켰다.

러시아에서 혁명이 진행되던 1917년에 몰도바는 러시아가 혼란한 틈을 이용하여 몰다비아 민주공화국으로 독립을 선언했지만, 제1차 세계대전이 끝나면서 루마니아 왕국에 편입되었다. 제2차 세계대전 중이던 1944년에 몰도바는 '몰도비아 소비에트 사회주의 공화국'으로 선포하고 소련에 편입되었다.

1941년 독-소 전쟁이 발발했을 때, 루마니아가 일시적으로 몰도바를 수복했지만 1944년, 소련에 몰도바를 반환하였다. 이후 몰도바는 소련이 붕괴할 때까지 소련의 일부가 되었다. 마침내 소련이 붕괴하였을 때, 루마니아와 달리 몰도바는 민족 구성이 다양하여 루마니아와 통합할 수 없어서 1991년 몰도바 공화국으로 독립하였다.

몰도바 기독교의 역사

몰도바 공국이 건국되면서 몰도바는 동방정교회와 로마-가톨릭의 치열한 전쟁터가 되었다. 1227년에는 로마 교황에 의하여 몰도바는 밀코바 교구(Diocese of Milkova)에, 몽골 침략 후인 1370년에는 시레트 교구(Diocese of Siret)에, 그리고 1413년부터 16세기 초까지는 바야마레 교구(Diocese of Baia Mare)에 속하였다. 이러한 가톨릭화를 초기에 주도한 헝가리 왕국의 시도에 맞서 동방정교회는 1234년에 블라흐(Vlachs) 정교회와 이곳을 관할하는 유사 주교(pseudo bishops)를 세웠다.

그러나 이러한 시도는 몽골의 침략으로 실패하게 되었다. 14세기, 몰도바 정교회는 우크라이나의 할리치(Галич) 교구의 대주교 관할에 속했다. 그러나 '라추'(Lașcu, ?~1375)가 통치하던 1371년에 이 교구는 가톨릭의 시레트 교구가 되었다. 그러다가 로만 1세가 통치하던 1391년에, 몰도바 교구는 다시 정교회로 돌아가게 되었다. 그때, 우크라이나의 할리치 대주교는 '벨고로드의 요제프'(Joseph of Belgorod)를 몰도바의 주교로 임명하였다.

콘스탄티노플 총대주교청과 약간의 문제가 있었음에도 몰도바 정교회는 1401년 콘스탄티노플 총대주교청으로부터 몰도바 전역을 관할하는 요제프 주교의 관할권을 인정받게 되었다. 그 후, 몰도바를 다스리던 '알렉산드루 셀분'(Alexandru cel Bun, 1375~1432)은 1417년에 로마-가톨릭을 지지하였고 로마-가톨릭 주교가 바이아에서 서품되었다. 교황과 몰도바의 친밀한 관계로 인하여 몰도바는 콘스탄티노플과 한동안 불편한 관계를 유지하였다.

특히, 몰도바는 1421년 로마-가톨릭의 콘스탄츠 공의회에 대표단을 파견함으로써 콘스탄티노플과 긴장 관계를 일으켰다. 이후 몰도바의 정교회 대표들은 1431년에서 1449년까지 열린 '피렌체 공의회'에 참여하여 동방교회와 서방교회의 연합에 서명하였다. 이후 오스만 제국의 통치를 받게 된 동방정교회 산하, 몰도바 정교회는 불가리아 대주교청인 오흐리드 대주교청에 종속하게 되었다.

19세기가 되면서 몰도바 공국의 절반에 해당하는 베사라비아가 러시아 제국에 복속되었다. 그때부터 몰도바의 반쪽은 러시아식 표현인 '베사라비아'로 불렸다. 당연히 로마-가톨릭과 친하던 몰도바 정교회는 러시아 정교회에 강제적으로 복속되었다. 당시 러시아 정교회에 속한 몰도바 교회의 대주교를 지낸 인물이 '가브릴 바눌레스쿠-보도니'(Gavril Bănulescu-Bodoni, 1746~1821)였다. 그는 루마니아에서 태어나 러시아 국적을 가진 러시아 정교회 성직자로 우크라이나 헤르손과 크리미아 교구, 그리고 몰다비아 교구의 수장이 되어 러시아 정교회에 충성하였다. 이후 1918년 몰도바가 민주공화국으로 독립을 선포하면서 루마니아 정교회에 속한 베사라비아 주교청이 설치되었다. 하지만, 1940년대 소련이 몰도바를 점령함으로써 몰도바 교회는 다시 러시아 정교회에 속하게 되었다.

몰도바 기독교와 소련 공산주의

제2차 세계대전 기간에 몰도바는 소련의 영토가 되기도 했고 독립을 선포하기도 했다. 물론 이 기간에 같은 역사와 혈통을 가진 루마니아와 통일을 시도하기도 했다. 몰도바는 1939년에서 1940년까지는 소련식 이름인 베사라비아(Bessarabia)였고 1940년에서 1941년까지는 몰도바였다가 1941년에서 1944년까지 다시 베사라비아가 되었다. 이후 몰도바는 1944년 8월부터 '몰도바 소비에트 사회주의 공화국'이 되어 대략 50년간 사회주의 실험을 하다가 1991년 민주공화국이 되었다.

1939년 소련이 몰도바를 점령하자, 소련은 몰도바에서 구체제를 타도하고 세계주의적 공산주의 문화를 건설하려는 문화혁명을 시도했다가 제2차 세계대전 때문에 중단해야만 했다. 소련과 몰도바 공산당은 제2차 세계대전이 끝나자 공산주의 문화혁명을 시작하였다.

소련과 공산당은 전쟁이 끝날 때, 몰도바 정교회를 러시아 정교회 관할로 이관하고 로마-가톨릭과 모든 관계를 단절시켰다. 이 무렵 정교회에 적대적이던 스탈린과 공산당은 러시아 정교회를 공산당에 이용하기 위하여 소비에트 산하에 러시아 정교회 사무위원회를 두었다. 그 위원회에서 몰도바 정교회를 러시아 정교회 관할에 복속시켰다.

스탈린은 그 정교회 사무위원회에 KGB 요원을 침투시켜 러시아 정교회를 조종하였다. 이렇게 정교회가 공산당에 조종당하게 된 것은 1927년에 러시아 정교회의 모스크바 총대주교인 '세르히에'(Патриарх Сергий, 1867~1944)가 러시아 정교회가 소련공산당에 충성할 것을 맹세했기 때문이다. 이것을 '세르히에의 타협'이라고 부른다.

'세르히에의 타협' 이후에도 소련공산당은 성직자와 신도들을 처형하거나 강제 노동수용소에 보냈고 성당과 교회 재산을 몰수하였다. 몰도바에서도 똑같은 일이 벌어졌다. 이런 상황에서도 몰도바 정교회 사제들은 공산당 정권을 비판하는 설교를 하였다. 하지만 몰도바 공산당은 제2차 세계대전 기간에 독일과 루마니아에 부역한 사람들을 처단한다는 명목으로 교회와 신자를 더욱더 강경하게 탄압하였다.

세계대전 중에 몰도바에 가뭄이 겹치면서 경제가 악화하였다. 몰도바 경제에 위기가 닥치자 소련과 공산당 정부는 상당한 양의 농업 생산을 담당하던 수도원의 토지를 몰수하고 수도승들을 탄압했다. 그러나 이러한 조치는 경제위기를 극복할 수 없었다. 이러한 탄압으로 인하여 성직자와 수도승들은 이웃 나라, 루마니아로 탈출했다.

몰도바에서 성직자로 활동하기 위해서는 소련과 공산당에 협력할 수밖에 없었다. 그러나 협력하지 않는 사람들은 루마니아와 루마니아 첩보 조직에 협력했다는 죄목으로 탄압을 받았다. 이와 동시에 공산당은 교회를 파괴하면서 대대적으로 무신론을 선전, 선동하였다. 수도인 키시너우에서 선교활동을 하던 성직자들은 소비에트를 반대하고 루마니아에서 성직을 승인받았다는 이유로 체포당했다. 예를 들어, '체히르코'(Chechrco)라는 사제는 "루마니아 민족주의자이며 루마니아와 베사라비아의 통일을 지지한다."라는 혐의로 체포되었다.

반면에 소련에서 키시너우 교구로 파견된 '제롬'(Jerome) 대주교는 소련의 붉은 군대를 위하여 모금 활동을 일으키는 등 '애국 활동'을 조직하였다. 교회를 공산당과 국가에 철저하게 예속시키는 것이 그의 임무였다. 소련공산당에서 파견한 어용 성직자인 '로멘스키'(Romensky)는 1945년에서 1959년까지 교회와 성직자를 교묘하고도 철저하게 탄압했다. 하지만 로멘스키의 이러한 강경정책은 제롬 대주교마저 등을 돌리는 원인이 되었다. 로멘스키의 탄압에 맞서 제롬 대주교는 소련과 로멘스키의 정책과 노선에 저항하였다.

7. 체코, 기독교와 공산주의

체코 개관

성 니콜라스 성당

체코 공화국(Česká republik)은 중앙유럽에 있는 공화국이다. 체코는 북위 50도, 동경 14도에 있는 중앙유럽에 있는 나라로 수도는 프라하이다. 면적은 약 79,000㎢로 남한의 8할 정도이며 인구는 2021년 약 1,100만 명 정도이다. 일인당 GNP는 4만 달러 정도이다. 북서쪽과 서쪽에 독일이 있다. 남쪽은 오스트리아, 남동쪽은 한때 같은 나라였던 슬로바키아이고 북동쪽은 폴란드이다.

체코의 기후는 습한 대륙성 기후로서 1월 평균기온은 영하 1도이며 7월 평균기온은 19도이다. 체코 북부에는 체코에서 제일 높은 1,602m의 스네슈카산이 있다. 체코는 '보헤미아', '모라비아', '실레시아'로 구분되는데, 1993년에 슬로바키아와 분리 독립하였다. 국민 대부분이 서슬라브족에 해당하는 체코인이다. 체코는 제조업이 발달한 공업국이며 하이테크, 전자제품, 자동차 공업이 발달하였다.

체코 역사

체코 지역은 기원전 3세기에는 켈트족, 기원후 1세기에서 6세기까지는 게르만족, 훈족, 아바르족, 불가르족, 마자르족 등이 점령하였다. 이후 8세기에 이르러 '대모라비아 공국'(Great Moravia)이 세워졌다. 9세기에 '스바토플루크 1세'(Svatopluk Ⅰ, 840~894)가 다스릴 때 '시릴'(Cyril, 826~869)과 '메토디우스'(Methodius, 815~885) 형제의 선교로 기독교 국가가 되었다.

이후 로마 교황의 지원을 받은 '아달베르트'(Adalbert von Prag, 956~997)가 982년에 주교로 임명되면서 보헤미아, 폴란드, 헝가리 지역에서 선교가 이루어졌다. 아달베르트는 당시 교황이었던 '요한 15세'(Ioannes PP. XV, ?~997)의 명령에 따라 프로이센에서 선교하다가 997년에 순교하였다. 그 결과로 1002년부터 1806년까지 보헤미아는 신성로마제국에 속한 나라가 되었다. 이렇게 하여 보헤미아 공국은 왕국이 되었다. 13세기가 되면 독일에서 온 사람들이 보헤미아 주변에 정착하였다.

14세기 후반부터 체코에서는 로마교회에 대한 개혁 운동이 시작되었다. 15세기 초, '후스'(Jan Hus, 1372~1415)에 의하여 그 운동은 절정에

얀 후스

달했다. 후스가 이단 혐의로 화형을 당하자 후스의 추종자들은 1419년에서 1434년까지 15년간 로마-가톨릭을 상대로 전쟁을 벌였다. 이때부터 200년간 모라비아에서 '후스파'가 90%나 되었다고 한다. 이 전쟁 시기에, '얀 지스카'(Jan Žižka, 1360~1424)는 가톨릭의 지기스문트 군대를 격파하였다. 그는 어떤 전쟁에서도 절대로 패배하지 않았던 후스파 군대의 영웅이었다. 지금도 체코 국민은 얀 지스카를 국가적인 영웅으로 기리고 있다.

그 후 1627년 합스부르크 왕가가 보헤미아를 세습하여 통치함으로써 보헤미아는 합스부르크 제국의 통치에 들어가게 되었다. 그러나 로마-가톨릭에 대한 개신교의 저항은 중단되지 않았다. 1618년 프라하에서 개신교 영주들이 왕실 총독을 창문 너머로 던져서 죽이는 일이 발생하면서 곳곳에 반란이 일어났다. 그때부터 1648년까지 지속된 30년 전쟁에서 후스파는 완전히 붕괴하였다. 이후 후스파 귀족과 시민들은 가톨릭으로 개종하거나 보헤미아를 떠나야만 했다. 그 결과, 18세기 후반까지 약 150년 동안 전쟁과 기근과 질병으로 말미암아 체코의 인구는 1/3로 감소하였다.

1806년 신성로마제국이 붕괴하자 체코는 오스트리아 제국의 일부가 되었다. 제국의 식민지가 되자, 체코에서는 민족의 언어와 문화에 대한 자각이 일어났다. 즉, 민족의 정체성을 확립하기 위한 민족 부흥 운동이 일어났다. 이 운동은 1848년 혁명으로 이어졌는데, 1848년 혁명은 실패로 끝났다. 이후 보통 선거권을 위한 투쟁이 결실되어 1907년 남성들만의 보통선거가 최초로 실시되었다. 이렇게 합스부르크 왕가의 지배를 받던 보헤미아 왕국은 1918년 합스부르크 왕가가 무너지자 체코-슬로바키아 공화국으로 독립하였다. 당시 오스트리아-헝가리 제국의 산업의 80%를 담당하던 체코-슬로바키아는 유럽의 산업 강국이었는데, 1938년 세계 산업 생산 10위를 차지했었다.

제2차 세계대전 기간, 나치 독일이 체코슬로바키아 서부지역을 점령하였다. 하지만 1945년 소련군과 미군의 체코 진입과 프라하에서 일어난 무장봉기로 나치 독일의 점령은 끝났다.

독일이 물러나고 체코-슬로바키아 공화국은 1946년 선거를 시행하였는데 공산당이 38%를 득표하여 집권당이 되었다. 공산당이 집권하여 국가를 완전히 공산화하는 데 유리한 조건이 형성되었지만, 농민들이 집단농장에 반발하고 생산량을 늘리라는 공산당의 요구에 노동자들이 저항하는 상황이 발생하였다. 다른 한편으로 국외에서는 프랑스 공산당과 이탈리아 공산당이 1947년 선거에서 패배하였다.

이런 상황에서 소련의 스탈린과 국제 공산주의 조직, 코민포름은 선거를 통한 사회주의 혁명을 포기하였다. 왜냐하면 체코 공산당이 1948년에 치를 선거에 승리할 가능성이 별로 없었기 때문이었다. 이런 상황에서 체코 공산당의 일인자인 '고트발트'(Klement Gottwald, 1896~1953)와 이인자인 '루돌프 슬란스키'(Rudolf Slánsky, 1901~1952) 주도로 1948년 2월 말, 쿠데타가 일어났다.

1948년 공산당 쿠데타 주역, 슬란스키가 1952년 숙청 재판을 받다

공산당은 친위 조직을 동원하여 관제 시위를 조직하고 노동조합 대표들을 의회에 지속적으로 보내면서 의회를 협박하였다. 또한 공산당은 당시 대통령이었던 '에드바르트 베네시'(Edvard Beneš, 1884~1948)를 강제적으로 사임시키고 공산당 일당독재의 길을 열었다. 쿠데타 이후 공산당 일당독재를 수립한 체코-슬로바키아는 1968년 '프라하의 봄' 시위로 위기를 맞이했지만, 소련군을 위시한 바르샤바조약 군대의 개입으로 그 위기를 넘겼다. 그러나 1989년

'벨벳혁명'(벨벳은 비단의 일종인 부드러운 옷감으로 벨벳처럼 부드럽고 평화롭게 체코슬로바키아의 혁명이 전개되었다는 의미)으로 체코 공산 체제는 무너졌다.

체코 기독교와 공산주의

1940년대 후반 체코-슬로바키아는 다양한 종교 유산을 가지고 공산주의 시대에 들어섰다. 당시 체코에는 로마-가톨릭, 루테니아 그리스-가톨릭교회('유니테'라고도 함), 복음주의 체코 형제 교회, 루터교, 칼뱅파, 정교회, 체코 개혁교회(후스파), 舊가톨릭교회, 유대교가 있었다. 공산당이 집권할 당시 시민 3명 중 2명은 로마-가톨릭교도였지만 상당한 수의 개신교도도 있었다.

1950년대, 스탈린주의 공산당이 종교인들을 재판하는 동안 6,000명 이상의 종교인(일부 노인이나 병자)이 평균 5년 이상의 징역형을 받았다. 1948년과 1968년 사이에 사제 수는 절반으로 줄었다. 성직을 유지한 성직자의 절반은 60세 이상이었다. 가톨릭교회는 독일인 사제들의 추방으로 이미 상당수의 성직자를 잃었다. 이 사태로 말미암아 체코 교회는 성직자의 부족, 성직자의 노령화와 같은 심각한 문제에 직면했다. 대조적으로 개신교 종파는 중앙집권화된 위계질서에 별로 의존하지 않았기 때문에 교회 운영은 그럭저럭 유지되었다.

당시 그리스-가톨릭 연합교회(Uniate Church)는 금지되었다. 연합교회가 로마-가톨릭교회와 동방정교회에 역사적으로 밀접한 관계를 맺고 있었기 때문이었다. 공산정권은 할 수 있는 모든 것을 다하여 교회를 러시아화하려고 했으며 연합교회에 반대하는 러시아의 오랜 정책을 따랐다. 공산당은 집권한 직후, 러시아 정교회를 지지하여 연합교회를 탄압했다.

러시아 정교회는 체코-슬로바키아에서 뚜렷한 소수자였지만, 연합교회 성직자들이 감옥에 갇히거나 체코 땅의 농장으로 보내지면서 러시아 정교회 신부들이 본당을 인수했다. 성직자의 부족이 너무 극단적이어서 공산당은 '정치적으로 성숙한' 교사들에게 정통 교리에 대한 속성 집중 과정을 제공하고 그들을 연합교회에 보냈다. 이런 조치에 맞서 연합교회 사제들은 정교회 사제가 올 때마다 교회를 떠나는 등 다양한 형태의 저항으로 대응했다.

1960년대 후반, 체코(모라비아)와 슬로바키아에서 실시한 조사에 따르면, 공산당이 20년 동안 통치하면서 기대했던 것만큼 '과학적 무신론'이 널리 퍼지지 않았다. 전통적으로 가톨릭이 우세한 슬로바키아에서는 14%만이 무신론자였고, 15%는 무신론과 유신론 사이에서 결정을 내리지 못했다. 무신론은 25세에서 39세 사이의 사람들 사이에서 가장 인기가 있었다. 종교적 감정은 사회적 배경을 반영했다. 가령, 모든 농부의 10분의 9, 모든 블루칼라 노동자의 4분의 3, 화이트칼라의 반 이상이 신자였다.

공산당은 성직자들이 정치에 개입하는 것을 "성직자 파시즘"이라는 이름으로 20년 동안 비난하였다. 그런데 20년이 지난 후에 조사에 응한 사람들의 28%가 성직자들이 공적, 정치적 역할을 해야 한다고 생각했다. 이러한 결과로 체코 공산당은 매우 당혹해하였다.

1968년에 교회의 상황은 잠시 밝아졌다. 하지만 '알렉산드르 두브체크'(Alexander Dubček, 1921~1992) 정권은 "가톨릭 성직자와 일부 개신교의 평화 운동"을 지원하면서도 이 운동을 면밀하게 통제하여 공산당의 요구에 순응하는 유명무실한 조직으로 만들었다. 1968년, 정교회가 장악한 교회에 연합교회 지도자들이 자신들의 성직자와 예식을 요구함으로써 긴장이 유발되었을 때 공산당 정부는 신속하고도 인도적인 해결책을 약속하고 연합교회(the Uniates)를 공식적으로 인정했다.

1970년대 체코-슬로바키아의 종교 상황은 다시 악화하였다. 프라하 대주교인 '프란티셰크 토마섹'(František Tomášek, 1899~1992) 추기경이 지도하는 로마-가톨릭교회는 다시 한번 공산당의 주요 표적이 되었다. 1970년대 내내 정권은 종교적인 사미즈다트(самиздат, 비밀리에 제작된 출판물)를 배포한 성직자와 평신도를 체포했다. 개신교와 유대교 단체도 괴롭힘을 당했지만, 대부분 정교회와 체코-슬로바키아 연합교회가 피해를 보았다. '구스타우 후삭'(Gustáv Husák, 1913~1991) 정권은 순응하고 충성스러운 성직자 그룹을 만들어 내기 위한 노력의 하나로 체코-슬로바키아 사회주의 공화국 교회의 '에큐메니칼 평의회'를 비롯한 '체코 가톨릭 성직자 협회' 등 여러 개의 국가가 통제하는 교회 연합 단체를 조직했다.

정권은 성직자와 신자가 공적인 영역에 개입하지 않는 한, 종교 단체가 자신의 신조를 실천하도록 허용할 용의가 있음을 보여 주었다. 그러나 정권이 거의 모든 것을 공적인 것으로 여겼기 때문에 성직자가 높은 이혼율이나 방치된 아동에 대하여 설교하는 것조차 금지했다. 모든 성직자 자격을 국가가 허가했기 때문에, 공산당과 국가는 국가의 요구 사항에 순응하지 않는 모든 사람을 제거할 수 있었다. 따라서 성직을 하려면 국가의 승인이 필요했던 성직자들은 취약한 위치에 있었다. 1986년 중반까지 정권은 약 400명(약 3,200명 가운데)의 로마-가톨릭 사제들의 목회활동을 금지했다.

신학교는 엄격한 입학 정원 아래에 계속 운영되었고 1970년대 내내 성직자를 교회에 공급하는 데 어려움이 있었다. 1972년에는 세 명의 로마-가톨릭 주교가 사망하고 네 번째 주교의 국가 승인이 취소되면서 로마-가톨릭의 지도자 부족 현상이 심화되었다.

1980년대, 종교 단체에 대한 공식 정책은 조직화된 종교를 무너뜨리려고 일련의 조처를 시행했던 초기 사회주의 시대의 정책과 일치했다. 공산당과 국가는 성직자 임명, 종교 교육, 설교 및 개종에 대하여 실질적인 통제를 행사했다. 로마-가톨릭과 연합교회(Uniates)가 주요 표적이었다. 정부는 수녀원과 수도원을 폐쇄하고 남아 있는 두 신학교에 대한 입학을 엄격히 제한했다.

1980년 말, 교회-국가 관계가 일시적으로 악화하는 조짐이 있었다. 10월에 브라티슬라바에 있는 '시릴과 메토디우스(Cyril and Methodius) 신학부'의 많은 학생이 단식투쟁을 시작했다. 그들은 「지상의 평화」 (Pacem in Territory, 1963)라는 교황의 칙서에 대하여 국가가 통제하는 것이 사제와 주교 사이의 일치를 약화한다고 주장하였다. 이 사건에 대하여 공산당 기관지, 『브라티슬라바의 프라우다』는 "성직자-파시스트 이데올로기"가 부활했다고 비난하였다. 물론 당시의 가톨릭의 성직 체계는 그들의 평가대로 "자본주의 세계의 교회와 성직자 센터의 지시"에 따라 행동했다고 평가할 수도 있었다.

아울러 '과학적 무신론'의 옹호자들과 다양한 종교 단체들 사이의 관계는 아주 불안했다. 체코-슬로바키아 헌법은 종교와 표현의 자유를 허용했지만 1980년대에 시민들은 이러한 헌법적인 보장을 문자 그대로 받아들이지 않았다. 국가에 의해 금지된 '여호와의 증인'을 제외한 대부분의 종교 신조를 검열하는 공산당과 정부의 통제 조직이 존재했다. 가장 눈에 띄는 통제 조직이 로마-가톨릭교회 안에 있었다. 또한 그런 조직들이 체코-슬로바키아 침례교회, 체코 형제 복음주의 교회, 슬로바키아 복음주의 교회에도 있었다. 더욱이 1981년에는 많은 교회 고위 인사들이 체코-슬로바키아 사회주의 공화국에 대한 충성을 맹세하기 위해 체코-슬로바키아 문화부 장관 앞에 섰었다.

브라티슬라바의 성 엘리사벳 성당

그런데도 공산당 당국에 아주 껄끄러운 상황이 발생했다. 그것은 체코-슬로바키아 젊은이들의 종교에 관한 관심이 증가하고 있었다는 점이었다. 1985년, "성 메토디우스 서거 1,100주년 기념식에 참석한 100,000명 이상의 순례자들 가운데 3분의 2가 젊은이들이었다…."라고 '토마섹'(Tomášek, 1899~1992) 추기경은 말했다.

8. 슬로바키아, 기독교와 공산주의

슬로바키아 공화국(Slovenská republika, 슬로벤스카 레푸블리카)은 중부 유럽에 있는 나라이다. 서쪽은 오스트리아, 북서쪽은 한동안 통일된 나라로 존재하였던 체코이고 동쪽은 지금 러시아와 전쟁을 벌이는 우크라이나이다. 북쪽은 폴란드이고 남쪽은 한때 거대한 제국을 형성했던 헝가리이다. 슬로바키아는 로마-가톨릭이 오랜 기간 번성하였고 최근까지 소련의 영향권에 있던 공산주의 국가였다.

슬로바키아 개관

슬로바키아는 북위 48도, 동경 17도에 있는 중부유럽의 내륙국가이며 국토의 넓이는 49,000㎢(남한 면적의 1/2 정도)이며 인구는 546만 명 정도이다. 바다를 전혀 구경할 수 없으며 더위와 추위의 차이가 아주 큰 대륙성 기후를 가지고 있다. 2020년, 일인당 GNP는 약 35,000달러이다. 오랜 기간 오스트리아-헝가리 왕국의 지배를 받다가 1848년 독립을 위한 혁명 과정에서 합스부르크 왕조와 싸웠으나 혁명은 실패하였다. 그러나 혁명 당시 사용하던 국장이 현재 슬로바키아의 국장이 되었다.

슬로바키아는 B.C. 4세기까지는 여러 문화적인 집단들이 정착하였지만 B.C. 4세기부터 게르만 민족의 대이동까지 켈트족의 무대가 되었다. 게르만 민족의 대이동 시기에는 슬라브족이 이 일대를 주도하여 833년에 마침내 모라비아 제국이 건설되었다.

모라비아 제국이 멸망한 후에는 헝가리 제국이 이곳을 지배하였다. 그러다가 튀르크가 침략한 이후에는 오스트리아가 20세기 초반까지 지배하였다.

드디어 1918년, 체코와 슬로바키아는 프라하에서 '체코-슬로바키아'라는 이름으로 독립하였다. 이후 1939년, '브라티슬라바'에서 '요제프 티소'(Jozef Tiso, 1887~1947)의 주도로 '나치 괴뢰국', 슬로바키아가 세워졌다. 그러나 1948년 소련의 지원을 받은 공산주의자들의 쿠데타가 성공하여 체코와 슬로바키아에서 공산국가가 세워졌다. 그러다가 1989년에 벨벳혁명으로 공산정권이 무너지면서 1993년에는 '슬로바키아'라는 이름의 독립국이 세워졌다.

슬로바키아의 기독교

슬로바키아 국민의 56%가 로마-가톨릭이라고 하는데, 국민의 31%가 매일 기도한다고 할 정도로 종교적이다. 또한 국민의 13%가 동방정교회(동방정교회가 관할하는 여러 종파를 모두 합하여)이며 9%는 개신교이고 무신론자가 10% 정도라는 통계가 있다. 슬로바키아 국민은 종교적으로 보수적이지만 타 종교나 타민족에 대하여 개방적이라고 한다.

구체적으로 2021년 통계에 따르면, 인구의 약 56%는 로마-가톨릭이고 4%는 슬로바키아 그리스 정교회(Slovak Greek catholic church)이다. 소수 교단으로 5.3%를 차지하는 슬로바키아 아우크스부르크 신앙고백 복음주의 교회, 1.6%의 슬로바키아 개혁교회와 0.9%의 체코-슬로바키아 정교회(the Czech and Slovak Orthodox Church)가 있다.

'아우크스부르크 고백 복음주의 교회'(Evangelical Church of the Augsburg Confession in Slovakia)라는 복음주의 교회, 즉 루터교회는 헝가리 제국이 붕괴하면서 1922년에 세워진 교단이다. 특히, 체코와 슬로바키아에서 1948년 공산주의 쿠데타가 성공하면서 이 교회는 엄청난 타격을 받았고 겨우 명맥만 유지하게 되었다. 이 교단은 루터교 세계연맹과 WCC에 가입되어 있다. 체코-슬로바키아 정교회는 체코와 슬로바키아를 관할하는 동방정교회의 지역 자치 기관이다. 그 밖에 재림교, 오순절파, 침례교, 형제회와 같은 소수 교단이 있다.

공산당 체제와 기독교

1948년, 체코와 슬로바키아에 공산주의 정권이 수립되었다. 그러다가 1968년 소련과 위성국들 군대가 '프라하의 봄'을 진압하는 사태가 벌어졌다. 이후, 1989년에 공산 체제가 무너질 때까지 체코-슬로바키아 공산당은 기독교를 다차원적으로 탄압하고 길들였다. 이러한 공산당의 책략에 맞서 기독교 진영은 다양하게 응전하며 생존하였다.

특히, 로마-가톨릭은 교황체제와 소련 체제의 근본적인 모순으로 인해 상당한 탄압을 받았다. 이러한 탄압에 대하여 로마-가톨릭은 '비밀교회'(the secret church)를 조직하여 다양한 활동을 벌였다. 이런 비밀교회 활동을 주도한 인물들은 '얀 크리조스톰 코렉'(Ján Chryzostom Korec, 1924~2015) 주교, '블라디미르 유클'(Vladimír Jukl, 1925~2012), '실베스터 크르체리', '프란티셰크 미클로슈코' 등이다. 비밀교회의 활동에 힘입어 1970년대 들어 소규모 종교 단체와 공동체가 설립되기 시작했는데, 로마-가톨릭은 이렇게 당국에 의해 불법화된 단체와 기도회를 통해 신앙을 유지하였다.

소위, "정치신학"(political theology)이라 부를 만큼 정치적인 체코-슬로바키아의 로마-가톨릭 신학은 스탈린 체제(1948~1952)하에서 가장 극심한 탄압을 받았다. 사제들은 체포, 투옥되고 신학교는 폐쇄되었다. 또 성당은 국가 소유가 되었다. 사제들은 국가에 충성을 맹세해야 했고 사제의 서품과 임명은 국가의 승인이 필요했다.

이에 맞서 가톨릭교도들은 '비밀교회'를 조직하였다. 비밀교회(주로 개인 아파트)에서는 서구에서 발간된 신학과 철학 서적이 유통되었고 그런 교재로 학습과 교육이 이루어졌다. 동시에 비밀교회는 예배와 기도의 장소였고 신학을 가르치는 신학교였다. 공산당이 주도하는 신학교의 신학에 맞서서 '다비데크'(Davídek, 1921~1988)는 비밀교회를 세워 저항하였다. 그는 타고난 카리스마 넘치는 지도자이자 지칠 줄 모르는 활동가요, 독창적이고 독립적인 사상가였다. 다비데크는 소위, '숨겨진 교회'(skrytá církev)를 주도적으로 세웠고 『기독교 세계관』이라는 저서를 남겼다.

또, '블라디미르 유클'이라는 사제는 "미쳐 가고 싶지 않다면, 정신을 잃고 싶지 않다면, 자살하고 싶지 않다면 기도하라. 기도는 정말로 신자가 스트레스, 계속되는 굴욕, 재산의 절대적인 박탈을 견디게 하는 힘이 있다."라는 말을 하면서 비밀교회와 신학교를 설립하고 운영하였다. 1951년, 공산당 정권에 체포된 유클은 온갖 고문과 독방 감금 등을 당하면서 징역 25년형을 선고받았다. 이후 그는 13년 6개월을 복역하고 1965년에 가석방으로 출소하였다. 출소하자마자 그는 비밀교회에서 대학을 설립하고 운영하였다.

교회 공산화의 주역, 플로하르

교회 말살을 위한 공산당의 전형적인 전략은 교회를 친공과 반공으로 나누는 것이었는데 공산당이 제일 먼저 한 일은 공산당에 충성하는 교회와 성직자를 세우는 것이었다. 체코-슬로바키아 공산당이 로마-가톨릭을 공산화하는 데 앞세운 인물이 '요세프 플로하르'(Josef Plojhar,

1902~1981)였다. 그는 공산당 정권의 보건부 장관을 역임하였고 '가톨릭 사제 전국위원회'와 '가톨릭 사제 평화 운동'(Míro véhnutí katolického duchovenstva)을 이끌었다.

기독교와 교회에 대하여 강력한 탄압을 하던 체코-슬로바키아 공산당이 1962년부터 1968년까지 유화적인 모습을 보일 때, 소위 '프라하의 봄'(체코의 민주화)이 오게 되었다. '두브체크'(Alexander Dubček)가 이끄는 공산당은 체제를 개혁하고 이른바 '인간의 얼굴을 한 사회주의'를 달성하기 위해 노력했다고 평가할 수 있다.

체코-슬로바키아 공산당이 1968년 소련 침공 이후에 내건 슬로건이 "정상화"(normalizace, 노르말리자체)였다. 이것은 소련공산당이 추구하는 '진정한 사회주의'를 건설하는 것이었고 동시에 '민주화', '자유화'를 취소하는 것이었다. 반혁명 분자를 숙청하고 공산당에 충성하는 사람을 국가의 요직에 앉혔다. 이 시대의 가장 중요한 윤리는 국가, 공산당에 대한 충성심이었다.

교회와 기독교 탄압을 위한 체코-슬로바키아 공산당의 책략은 '세속화', '무신론 교육'이었다. 1950년 인구조사에서 슬로바키아 국민 99%가 종교를 가지고 있었는데, 대다수가 기독교였다. 따라서 공산당은 슬로바키아의 세속화를 가장 중요한 종교정책으로 내세웠다. 따라서 이런 상황에서 공산당의 전략은 종교의 세속화를 통하여 국가에 대한 교회의 권위를 약화하고 사회를 현대화시키면서 교회를 쇠퇴시킨다는 것이었다. 아울러 과학적인 무신론인 공산주의를 모든 선전 수단을 통하여 선전함으로써 대중을 설득하려고 했다. 공산당은 이런 방식으로 종교를 소멸시키려는 계획을 세우고 있었다.

공산당이 종교를 지속해서 말살하는 가장 중요한 방법은 종교와 교회에 대하여 공공의 정책을 개발하고 집행하는 것이다. 공산당에 반대하는 요소들을 통제하고 분쇄하고 공산주의 사상과 정책들을 계속 주입하고 확산하는 것이 공적인 정책을 통하여 이루어졌다. 가령, 공산당은 1949년에 만든 법률을 통하여 교회를 통제하였다. 예를 들면, 공산당은 교회 업무를 담당하는 '국가 사무소'를 통하여 교회를 통제하였다. 등록된 교회와 성직자만이 공식적으로 인정되었고 이런 어용 교회와 성직자는 공산당에 충성을 맹세하는 대가로 국가에서 봉급을 받았다.

프로테스탄트는 지극히 소수파이기에 체코-슬로바키아가 공산화된 이후로 세력이 거의 소멸하였다. 슬로바키아 복음주의 교파로 불리는 아우크스부르크 신앙고백 루터교회는 슬로바키아 민주당을 지도하는 세력이기에 공산화 이후에 민주당과 함께 몰락했다. 슬로바키아 민주당의 리더인 '얀 우르시니'(Ján Ursíny, 1896~1972)는 민주당의 당수이며 복음주의 루터교회의 감독이었다. 그는 공산화 이후 투옥되어 7년 형을 선고받고 1953년에 석방되었다.

캘빈주의 개혁교회는 헝가리와 슬로바키아의 날카로운 대립 관계로 말미암아 나누어졌다. 개혁교회 신자 대부분은 슬로바키아 국적이 없는 헝가리인이었는데, 헝가리 국적의 개혁교회 지도자들이 슬로바키아 국적이 없어서 슬로바키아 개혁교회를 지도할 수 없었다. 또한 개혁교회는 공산주의 정권에 충성하는 것을 거부하였다. 이런 상황에서 개혁교회 교인들은 민족적인 문제의 중요성을 깨달았다.

특별히 역사적인 관점에서 주목할 것은 공산당이 슬로바키아 정권에 가장 반항적이었던 로마-가톨릭을 말살하기 위하여 만들어낸 가장 강력한 수단이 '진보적 가톨릭 운동'(movement of progressive Catholics)이었다는 사실이다. 공산당은 가톨릭 내부에서 공산주의 분파를 만들어 '진보적'이라는 포장을 씌우고 가톨릭을 통제하고 조종하기 위하여 소위, 운동(movement)을 이용하였다.

9. 헝가리, 기독교와 공산주의

헝가리(Magyarország)는 유럽 중앙에 있는 내륙국이며 유구한 역사를 자랑하는 국가이다. 헝가리는 또한 기독교 국가로서의 오랜 역사가 있어 그와 관련 있는 독특한 문화와 예술을 가지고 있다. 20세기에는 인근 동유럽의 공산화 물결에 휩싸여 수십 년간 공산주의 지배를 받았다.

헝가리 개관

데브레첸의 헝가리 개혁교회 예배당

헝가리는 중부유럽에 있는 민주공화국으로 북위 47도, 동경 19도에 위치하며 수도는 부다페스트이다. 국토의 크기가 93,000㎢로 남한 면적의 90% 정도이다. 인구는 2020년 기준으로 약 980만 명 정도이며 일인당 GNP는 2020년 기준으로 32,000달러로서 동유럽의 부국에 해당한다.

헝가리 서쪽과 북서쪽에 오스트리아가 있고 동쪽과 남동쪽에는 루마니아가 있으며 남쪽과 남서쪽에는 세르비아와 크로아티아가 있으며 북쪽에는 슬로바키아가 있다. 폴란드, 체코, 슬로바키아와 함께 '비셰그라드 그룹'에 속해 있고 EU의 정회원국이다. 국민의 대다수는 우랄어족에 속한 헝가리인이다. 기후는 해양성 기후와 스텝기후의 경계선에 위치하여 겨울에는 춥지만 습윤하다. 서부는 활엽수가 많고 동부는 초지가 많다.

현재 인구의 93%가 헝가리인들인데, 헝가리어를 사용하는 헝가리인은 약 85%이다. 독특하게도 60만 명 정도의 집시들이 있다. 우크라이나인, 체코인, 루마니아인들도 소수 있지만 제2차 세계대전 이전까지는 유대인들이 상당수 있었다. 헝가리는 보편적 복지를 하는데, GDP의 약 7%를 의료에 지출하고 있다.

종교인들이 75%이고 비종교인이 15%이며 종교인들 가운데 로마-가톨릭이 약 55%, 개신교가 약 20%이며 동방정교회 계통이 약 3%이다. 헝가리는 동유럽 국가 중에서 개신교 비율이 상당히 높다.

헝가리 역사

헝가리는 고대 로마 시대에는 바울이 선교하던 지역인 일루리곤에 속하였던 판노니아 지역이었다. 헝가리인들은 이 지역에 침입한 동방의 훈족과 몽골족과 관련 있는 아바르(Avars)족, 그리고 튀르크족과 관계있는 오구르(Onogur)족과 연결되어 있다.

1000년경에 헝가리인들은 독자적인 왕국을 세웠다. 이후 500년간 헝가리 왕국은 독자적인 발전을 하다가 1526년 모하치 전투에서 오스만 제국에 패배하여 합스부르크 왕가에 속하게 되어 1946까지 존속하였다. 896년부터 1000년까지 존재하던 헝가리 공국이 무너지고 나서 '슈트반 1세'(Stephen I, 975~1038)가 헝가리 왕국을 세우고 로마-가톨릭을 국교로 삼으면서 당시의 교황, 실베스터 2세로부터 왕관을 받았다.

헝가리 왕국은 13세기에 몽골의 침입을 받고 위기에 빠졌다. 전쟁 초기였던 1241년에는 몽골군에 패배했지만, 1242년부터 헝가리 왕, '벨라 4세'(Béla Ⅳ, 1206~270)의 지도력으로 몽골군을 물리치고 강력한 제국이 되었다. 그러다가 '아르파드 왕조'가 1301년에 망하고 나서 16세기 초까지 '앙주왕조'와 '신성로마제국' 황제가 헝가리 왕국을 다스렸다.

1526년 '슐레이만'이 이끄는 오스만 제국 군대와 '체코와 헝가리'의 왕인 '루이 2세'(Louis Ⅱ, 1506~1526)의 헝가리 군대가 맞붙은 모하치 전투에서 헝가리는 패배했다. 이 전투의 패배로 헝가리는 국토의

2/3에 해당하는 동남부, 중부지역을 오스만에, 국토의 1/3에 해당하는 북서부 지방을 오스트리아에 빼앗겨 지배당하였다.

오스만튀르크에 헝가리가 패한 모하치 전투

그러나 1697년 젠타 전투에서 오스만튀르크가 패배하면서 헝가리가 잉글랜드와 네덜란드에 오스만튀르크와의 중재를 요청하여 1699년 카를로비치(Karlowitz)에서 오스만튀르크와 평화조약을 체결하였다. 결국 이 조약으로 말미암아 오스만 제국은 헝가리에 대한 지배권을 상실하였고 오스만 제국 대신에 오스트리아, 합스부르크가 헝가리에 대한 지배권을 획득하였다. 결국 헝가리가 가지고 있던 크로아티아와 트란실바니아(루마니아 땅)가 오스트리아에 넘어갔다.

이런 상황에서도 헝가리인들의 독립운동은 계속되었다. 특히 1848년, '라요시 코슈트'(Lajos Kossuth, 1802~1894)가 이끈 헝가리 혁명은 인상적이었다. 그러나 이 혁명은 실패로 끝났다. 결국 1867년

아우스글라이히(Ausgleich, 화해)로 말미암아 오스트리아와 헝가리는 왕이 하나인 오스트리아-헝가리 제국이 되었지만, 헝가리의 독립운동은 멈출 수가 없었다. 결국 50여 년 뒤, 1918년 헝가리는 오스트리아로부터 민주공화국으로 독립하였다.

1930년대 헝가리는 나치 독일과 손을 잡으면서 과거에 잃었던 영토를 일부 획득하였다. 1945년 제2차 세계대전에서 패배한 독일과 오스트리아가 물러가고 대신에 소련군이 헝가리를 점령하였다. 1945년부터는 대담하게 헝가리의 공산화가 시작되어 1949년, '헝가리 공화국', 혹은 '헝가리 사회주의 정권'이 수립되었다. 이후 헝가리는 1956년 소련에 맞서는 헝가리 혁명을 일으켰지만, 소련군의 개입으로 실패하였다. 그러나 헝가리는 이때부터 동유럽 민주화의 중심이 되었다. 1989년 공산정권이 붕괴하고 나서 자유민주주의와 시장경제를 표방하는 '헝가리 공화국'이 수립되었다.

헝가리 기독교의 역사

헝가리는 다른 동유럽과 달리 처음부터 로마-가톨릭 왕국으로 출발하였다. 서기 1000년부터 시작된 가톨릭 왕국, 헝가리는 종교개혁 시기까지 로마-가톨릭이 지배적인 종교였다. 그러나 종교개혁이 일어난 후 헝가리는 개신교 인구가 전체 인구의 85~90%를 차지하였는데, 인구의 50%가 칼빈주의 개혁교회 신자이고 25% 정도가 루터교 신자였다고 한다. 그러나 로마-가톨릭의 합스부르크 왕가와 예수회가 反종교개혁 운동을 대대적으로 전개함으로써 개신교에 상당한 타격을 가하였다.

합스부르크 왕가와 예수회는 주도면밀하게 당시 의회를 구성했던 귀족들을 반종교개혁 진영으로 유인하여 정치적인 지배력을 획득하였다. 동시에 로마-가톨릭 진영에 있는 외국과 외국군대를 동원하여 종교개혁 진영을 공격하였다. 하층 귀족, 시민들이 대부분인 개신교 진영은 헝가리 동쪽, 현재 루마니아 지역에 있던 트란실바니아 공국의 위협과 가톨릭 진영 귀족들의 압박에 직면하였다. 당시 데브레첸(Debrecen)은 "칼빈주의의 로마"라 불릴 정도로 칼빈주의 개혁교회의 중심지였다. 21세기에도 헝가리의 칼빈주의 개혁교회 신자들의 수는 100만 명이 훨씬 넘는다. 개혁교회는 현재 헝가리에서 두 번째로 큰 교파이다.

데브레첸이 칼빈주의 수도로 명성이 난 것은 1526년 모하치 전투로 인한 국제적인 정치적 역학으로 인한 힘의 공백으로 말미암아 마침내 새롭게 등장한 칼빈주의-개혁교회가 그 지역의 지배적인 종교가 되었기 때문이다. 요컨대, 1526년 모하치 전투에 승리한 오스만 제국, 이웃에 있던 트란실바니아 공국, 그리고 합스부르크 왕국의 세력 균형으로 인해 만들어진 공간을 칼빈주의 개혁교회가 차지하게 되었다.

결정적으로 데브레첸이 칼빈주의의 로마라는 명성을 얻게 한 것은 두 명의 목사의 헌신이 있었기 때문이다. '마티아스 데베이'(Mátyás Biró Dévai, 1500~1545)와 '멜리우스 유하스 페테르'(Péter Juhász Méliusz, 1536~1572) 두 명의 목사가 데브레첸을 칼빈주의의 수도로 만든 인물이었다.

마티아스는 데바(Deva)에서 태어났기에 '데바의 마티아스'라는 뜻으로 '마티아스 데베이'라 불렸다. 그는 마르틴 루터와 멜란히톤에게서 배웠고 루터의 집에서 루터를 사사할 정도로 루터의 충실한 제자가 되었다. 마티아스가 1531년 조국, 헝가리의 부다로 돌아와 개신교교회 목사가 되었다. 그는 목회하는 동안 점점 칼빈주의로 기울어지게 되었다. 그러다 가톨릭을 옹호하는 헝가리 왕당파와 가톨릭 주교에 의해 체포되고 감옥에 수감되었다. 이후 석방된 마티아스는 주의 만찬에 대한 「헬베틱 신앙고백서」를 옹호하며 스승인 루터의 입장을 반박하였다.

'멜리우스 유하스 페테르'(Péter Juhász Méliusz, 1532~1572)는 마티아스보다 한 세대 뒤의 인물로 헝가리 개혁교회 목사이며 신학자였다. 그는 목회하면서 '삼위일체론'에 반대하는 자들과 치열하게 싸웠고 '신조'와 '교회 규칙'을 정립하여 개혁교회 교리를 세우려고 힘썼다. 또한 멜리아스 유하스는 약물학에 조예가 깊어 약물학에 관한 책을 저술하기도 했다.

요컨대, 멜리우스의 노력으로 데브레첸은 「헝가리 신앙고백서」, 「2차 헬베틱 신앙고백서」와 「하이델베르크 요리문답」을 교리로 채택하였다. 또 그는 예배 순서와 찬송가를 독자적으로 만들어 예배에 사용하였다. 이렇게 할 수 있었던 것은 오스만 제국이 반종교개혁 세력이던 합스부르크-가톨릭 세력을 힘으로 견제하면서 개신교에 대하여 관용 정책을 펼쳤기 때문이었다.

이후 헝가리 왕국(1526~1867)은 국력을 길러 오스만 제국 군대를 몰아냈다. 1699년에 터키에서 해방된 헝가리를 실질적으로 지배했던 오스트리아 합스부르크 왕가가 이제 본격적으로 개혁교회를 탄압하기 시작했다. 18세기 내내 개혁교회 신자들은 헝가리에서 2등 시민 취급을 당했다.

헝가리 왕국이 오스트리아-헝가리 제국으로 바뀐 1867년에 드디어 헝가리 개혁교회가 가톨릭의 탄압으로부터 해방되었다. 1881년에 헝가리 개혁교회는 '개혁교회 총회'를 개최했다. 이렇게 하여 총회-장로교 체계를 갖춘 헝가리 개혁교회가 확립되었다.

헝가리 기독교와 공산주의

제1차 세계대전 이후 '베르사유 조약'(Traité de Trianon, 트리아농 조약)으로 헝가리 영토는 여러 개로 분할되어 인접국에 나누어졌다. 헝가리 영토의 상당한 부분이 주변국으로 할양됨으로써 거기에 있던 개혁교회들도 본토와 분할되게 되었다. 당연히 본토의 개혁교회 수와 교인 수가 급격히 감소했다. 가장 비극적인 것은 제2차 세계대전 동안 헝가리에서 유대인 56만 명이 학살당했다는 사실이다.

더욱이 제2차 세계대전 이후 공산정권이 수립됨에 따라 헝가리 교회는 엄청난 핍박을 받았다. 교회와 신학교, 교회 기관의 재산들이 몰수되었고 교회 활동과 교인들의 활동이 공산당에 의해 통제되었다. 공산당과 정부는 교회나 신학교, 수도원의 재산을 몰수하거나 정부에 반대하는 성직자나 수녀들을 체포, 구금할 수 있는 법률을 만들어 집행하였다. 아울러 공산당은 기독교인들에게 종교가 아편이라고 세뇌하면서 기독교에 대하여 부정적으로 말하도록 교육했다. 또한 공산당은 교회와 교인들을 감시했고 교인들은 신앙을 지키기 위해 온갖 수모와 굴욕을 당해야만 했다.

1948년부터 1964년까지 공산당은 헝가리 교회를 극심하게 탄압했다. 결국 교회는 그 탄압에 굴복하여 공산당에 종속되어 공산당이 이끄는 대로 행동했다. 1964년부터 헝가리 공산당이 붕괴할 때까지 헝가리 기독교는 공산당에 타협하거나 공산당과 계속 대화하면서 평화롭게 지냈다.

공산당이 등장하자, 개혁교회에 암약하고 있었던 좌파 목사들이 교회갱신을 한다는 명목으로 '자유개혁 전국협의회'를 만들어 사회주의 국가 건설을 지지하였다. 좌파 목사들은 무신론을 표방한 공산당과 기독교가 공존할 수 있다고 믿으면서 공산당과 공산 체제를 지지하였다.

동시에 공산당은 공산당에 충성하는 기독교를 만들기 위해 기독교의 헤게모니를 교체할 필요성을 느꼈다. 그래서 공산당은 개혁교회의 좌파목사인 '알베르트 베레츠키'(Albert Bereczky, 1893.8.22.~1966.3.10.)를 헝가리 개혁교회의 대표로 세웠다.

알베르트 베레츠키

알베르트 베레츠키는 공산당과 협력을 통하여 교회가 생존할 수 있다는 생각으로 공산당에 적극적으로 협력한 목사이며 신학자이다. 그는 개혁교회의 '갱신과 사회적 책임'을 강조하면서 사회참여에 적극적이었다. 그는 그리스도인은 개인적인 믿음에서 만족하지 않고 정의와 윤리적인 책임을 위한 활동에 적극적으로 나서야 한다고 주장했다. 이를테면 그의 신학은 기독교를 윤리적 종교로 만든 리츨의 자유주의 신학이나 가난한 자의 해방을 구원이라고 주장한 사회복음주의자들의 주장과 유사하다고 평가할 수 있다.

10. 아르메니아, 기독교와 공산주의

아르메니아 개관

아르메니아 사도교회

아르메니아(Հայաստանի Հանրապետություն)는 고대문화 유산과 가장 오래된 기독교 교회인 아르메니아 사도교회로 유명하다. 아르메니아는 북위 40도, 동경 44도에 있는 서아시아 아르메니아고원에 있는 내륙국가이다. 수도는 예레반(Երևան)이며 서쪽은 터키, 남쪽은 이란과 아제르바이잔, 동쪽은 아제르바이잔, 그리고 북쪽은 조지아로 둘러싸여 있다.

아르메니아 인구는 야벳-고멜-도갈마-하잇으로 이어지는 아르메니아인이 98%를 차지하고 있다. 국토 면적은 29,700㎢로 경상도 면적과 비슷하며 인구는 2021년, 현재 296만 명 정도이다. 일인당

GNP는 약 1만 달러다. 남캅카스의 산악국가인 아르메니아의 기후는 강수량이 적고 건조하다. 아르메니아 산업 구성은 농업이 GDP의 30%를 차지하고 있고 화학공업, 야금공업이 발달하였다.

아르메니아 역사

아르메니아는 타타르 몽골족과 이집트, 그리고 튀르크족의 지배를 받았는데, 16세기부터 민족적 정체성이 드러나기 시작했다. 특히 오스만튀르크 시대 이후로 인근 여러 제국과 투쟁하면서 민족국가로서의 정체성이 확립되기 시작하였다. 결국 1917년 러시아 혁명 이후 잠시 민주공화국으로 독립하였지만 1922년부터 공산당이 권력을 잡아 통치하였고 소련이 붕괴한 이후 1991년부터 자유민주주의 민주공화국이 되어 지금에 이르고 있다.

아르메니아는 청동기 시대의 '헤이카즈니 왕조'부터 14세기 '길리기아의 루시니아 왕조'까지 88명의 군주가 통치하였다. 이러한 왕조 시대는 여타의 다른 왕조 국가와 마찬가지로 군주들의 독재적인 통치가 이루어졌다. 아르메니아는 기원전 2500년부터 1375년까지 왕조 국가가 지배하는 나라였다.

주목할 만한 것은 이 왕조시대 가운데 7세기 중반부터 12세기까지 이슬람의 아랍이 아르메니아를 침략하여 도시와 마을을 황폐하게 했다는 사실이다. 이후 아르메니아의 도시 문명은 황폐해져 농촌

문명으로 변모하였고 19세기 초까지 국가는 무정부상태가 지속되었다. 아르메니아 동부는 1603년부터 페르시아 제국이 통치하다가, 1823년부터 러시아 차르의 지배를 받았다. 반면에 아르메니아 서부 지역은 셀주크 튀르크 이후 터키가 계속 지배하였다.

특별히 시선을 끄는 것은 4세기 이후 아르메니아 사도교회가 지금까지 아르메니아의 정신과 문명을 계속 이끌어 왔다는 점이다. 서기 301년, 아르메니아는 '티리다테스 3세'(Տրդատ Գ Trdat Ⅲ, 250~330) 치하에서 '일루미 네이터 그레고리오스'(Գրիգոր Լուսավորիչ, 257~331)에 의하여 이교도 국가에서 기독교 국가로 대전환을 이루었다. 아르메니아는 세계 역사상 최초의 기독교 국가가 되었다.

'티리다테스' 왕의 명령으로 기독교가 국교로 수립되었을 때 상당한 저항이 있었지만, 국교가 된 아르메니아 사도교회는 지금까지 총대주교 127명이 배출될 정도로 유구한 역사를 자랑하며 아르메니아의 정신과 정체성을 형성하고 있다. '아르메니아 사도교회'라는 명칭은 사도인 '바돌로메'와 '다대오'가 최초로 이곳에 선교하여 교회를 세웠다는 전통에 근거한 자부심의 표현이라고 할 수 있다.

국교가 된 아르메니아 사도교회는 381년에 개최된 '콘스탄티노플 공의회'에 아르메니아 사도교회의 총대주교를 파견했다. 아르메니아 사도교회는 당시 세 개로 분할된 기독교의 한 축인 에데사 중심의

'안디옥교회 신학'에 강한 영향을 받았다.

5세기경 '메스롭 마슈토츠'(Mesrop Maštoc, 362~440)는 405년경 알바니아, 조지아어에도 사용되는 아르메니아 알파벳을 만들었다. 그리고 그는 이 문자로 411년에 아르메니아어 성경을 번역하였다. 물론 마슈토츠는 신학자로서 이 성경을 번역하였다. 428년에 사산조 페르시아에 의하여 아르메니아 왕국은 멸망했지만, 기독교 국가로서의 정체성은 계속 유지했다. 사산조가 망하고 나서 이슬람이 통치할 때도 어느 정도 자치권을 인정받아 아르메니아는 공국으로 유지되다가 '아쇼트 1세'(820~890)의 지도로 884년에 독립하였다.

이후 아르메니아 왕국은 1045년까지 바스푸라칸 왕국, 아르타크 왕국, 바그라투니 왕국으로 분할되어 지속되었다. 이후 아르메니아 역사의 중심은 길리기아로 이전되었다. 다소가 있는 길리기아 지역은 천연의 요새로, 아르메니아 사도교회와 아르메니아 역사의 중심지로 부상하였다. 12세기 초에 이 지역의 패권을 쥐고 있던 셀주크 튀르크를 격파한 아르메니아 영주들은 조지아 왕국의 후원하에 북부와 동부에 '자카리드 아르메니아'를 세웠다.

1230년대 몽골제국의 침략 이후 1400년대까지 다른 이민족의 잇따른 침략과 정복으로 아르메니아의 국력은 약화하였고 16세기에 이르면 오스만 제국과 이란의 '사파비 왕조'가 아르메니아를 나누어 지배하게 되었다. 19세기에 접어들면서 러시아와 이란은 두 번의 큰 전쟁을 치뤘고 두 번의 평화조약을 체결하였다. 특히, 2차 전쟁을 끝내고 맺은 1828년 투르크만차이 조약에서 이란은 자기가 지배하던 동부 아르메니아를 러시아에 완전히 넘겼다. 이로써 아르메니아 동부지역은 러시아에 종속된 아르메니아가 되었다.

서부지역은 오스만튀르크의 이슬람 세력이 지배하였기에 아르메니아 기독교와 교회는 극심한 차별과 탄압을 당했다. 이러한 탄압과 차별에 항의하는 아르메니아 교회에 대하여 터키는 잔혹한 학살로 대답했다. 1894~1895년 사이에 소위, '하미디안 학살'(Hamidian massacres)에서 최소 8만 명, 최대 30만 명의 아르메니아인이 학살당했다.

하미디안 학살

이러한 탄압에 맞서 아르메니아 지식인들은 혁명과 독립을 위하여 '아르메니아 혁명연맹'(Հայ Յեղափոխական Դաշնակցություն)을 만들었다. 1908년

혁명으로 오스만 제국이 무너질 때, 아다나 빌레트에서 2만 명에서 3만 명의 아르메니아인이 학살당했다.

토인비의 연구에 의하면, 제1차 세계대전 중이던 1915년에서 1917년까지 터키는 러시아군에 부역했다는 구실로 60만 명의 아르메니아인을 학살했다고 한다. 러시아 제국 군대에 편입되었던 아르메니아 민병대는 결국 제1차 세계대전 중에 아르메니아 전역을 터키로부터 되찾았다. 이리하여 1918년 자캅카스 연방공화국의 아르메니아 공화국으로 독립하였지만, 터키가 다시 침략하여 공화국을 무너뜨렸다.

하지만 소련의 적군이 다시 아르메니아를 침공하여 터키를 몰아내고 1921년에 아르메니아 소비에트 공화국을 수립하였다. 공산당의 70년간 통치가 끝난 1991년 소련공산당의 쿠데타가 불발하자, 그해 9월 21일에 아르메니아는 자유민주 국가로 독립했다. 그러나 아르메니아는 2018년 장기집권을 획책하던 공화당의 '세르지 사르키샨' 대통령의 총리직 선출에 항의한 대규모 시위로 촉발된 혁명으로 말미암아 새로운 전환기에 들어섰다.

아르메니아 기독교와 공산주의

아르메니아 사도교회의 평신도 총회는 아르메니아 사도교회의 민주주의 정신을 생생하게 보여 준다고 한다. 아르메니아 사도교회는 평신도 총회에서 교회 행정가들과 교회 지도자들을 선출한다. 아르메니아 사도교회의 주교와 사제들이 아르메니아 역사에서 탁월한 과학자, 역사학자, 철학자로 활약하였다. 요컨대, 아르메니아 사도교회의 주교와 사제들은 사도교회가 생기고 나서 지금까지 세속국가의 정치가, 철학자, 목회자, 과학자, 교사 역할을 감당하였다.

그러나 이러한 세속정부의 중요한 기관이었던 아르메니아 사도교회는 공산화 이후 상당한 탄압을 받아 그 영향력이 약화되었다. 공산주의와 무신론으로 무장한 공산당은 교회에 침투하여 아르메니아 교회와 사상전쟁을 감행하였고 그 결과로 교회의 이미지와 권위는 상당히 실추되었다.

러시아 혁명의 여파로 1918년 자캅카스 연방공화국, 즉 조지아, 아르메니아, 아제르바이잔의 연방이 세워졌고 마침내 1918년 5월에 아르메니아 공화국이 최초로 세워졌다. 이 공화국은 1,000일간 존재하다가 1921년 볼셰비키 공산당이 혁명을 일으키자 무너졌고 아르메니아는 소비에트 사회주의 공화국이 되었다.

소련군이 들어와 소비에트 정부가 세워진 후 1920년대 아르메니아 교회 재산은 몰수되고 사제들은 탄압받았다. 1938년, '코렌'(Խորեն Ա, 1873~1938) 대주교가 살해되고 수도원이 폐쇄되었다. 이런 상황에서 아르메니아 교회는 지하로 들어가거나 해외로 나가 디아스포라 교회가 되었다.

소련이 살해한 코렌 대주교

러시아 혁명 전에도 러시아의 강압적인 교회 탄압에 항의하다 추방당했다가 1918년 독립한 아르메니아 공화국에 돌아와 아르메니아 민족 회의를 이끌던 코렌 대주교는 소련과 공산당에 저항하다 소련의 정보기관인 NKVD에 의해 살해되었다. 1937년과 1938년에 교회와 성직자에 대한 폭력이 절정에 달했는데, 당시 67명의 아르메니아 사제가 살해되었다.

같은 시기에 아르메니아 공산당원 상당수도 숙청당했다. '바가르샤크 테르바간얀'(Վաղարշակ Հարությունի Տեր-Վահանյան, 1893~1936)을 비롯하여 '아가시 칸지얀'(Աղասի Ղևոնդի Խանջյա, 1901~1936) 등 공산당 지도자들이 숙청되었고 정치국원 9명 중 7명이 해임되고 1,000명의 당원이 체포되었다. 이러한 숙청 기간에 4,500명이 살해되었고 수많은 작가, 예술가, 과학자, 정치가들이 처형되거나 추방되었다.

더욱이 소련공산당은 1944년과 1948년에는 25만 명의 아르메니아인을 추방하여 우즈베키스탄과 카자흐스탄으로 강제 이주시켰다. 또한 제2차 세계대전에 소련군으로 동원된 아르메니아인 50만 명 중에서 절반은 고국으로 돌아오지 못했다. 이 기간에 스탈린은 아르메니아에 일시적인 관용 정책을 취하여 아르메니아인 중에서 소련군 장군들을 많이 임명했고 아르메니아 교회에도 일시적인 자유를 허락하였다.

제2차 세계대전이 끝나고 소련과 아르메니아 공산당은 막대한 인력 손실을 보충하기 위하여 개방적인 이민 정책을 실시하였는데, 해외에 있던 수많은 아르메니아인이 고국으로 돌아오게 되었다. 이리하여 1946년에서 1948년 사이에 15만 명의 디아스포라 아르메니아인이 돌아왔다.

1953년 스탈린이 죽고 '후르시초프'가 소련의 일인자가 되자 아르메니아는 문화적으로, 경제적으로 부흥하기 시작했고 아르메니아 교회에도 어느 정도 제한된 종교의 자유가 허용되었다. 1955년에는 '바즈겐 1세'가 아르메니아 사도교회 총대주교로 취임했다.

코렌 대주교와 바즈겐 1세를 연결하는 인물이 '고르그 Z. 노르키얀'(Գևորգ Ձ. Չորեքչյան(Նորնախիջևանցի), 1868~1954)으로서 일명 '케보르크 4세'(Kevork Ⅵ) 총대주교인데, 그는 소련에서 "평화를 위한 투쟁의 지도자"로 칭송을 받을 만큼 소련과 공산당에 적극적으로 협력한 인물이다. 고르그 노르키얀은 소련군의 탱크를 마련하기 위한 기금을 조직했고 해외에 있는 디아스포라 교회와 공산주의 아르메니아를 일치시키려고 노력했다. 그 결과로 제2차 세계대전 이후 아르메니아 디아스포라, 15만 명이 고국으로 돌아오게 되었다

아르메니아 공산당 운동은 19세기 마르크스와 엥겔스가 활약하던 시기 유럽에 있던 아르메니아 유학생들이 『공산당 선언』을 비롯한 마르크스의 서적을 번역하고 학습하면서 시작되었다. '복단 크누니안츠'(Bogdan Knuniants, 1878~1911)와 '스테판 샤후미안'(Степан Георгиевич Шаумян, 1878~1918) 등이 주도하여 공산당을 만들었다.

1890년대에 독일에서 레닌, 플레하노프와 교류한 샤후미안은 볼셰비키가 되어 1907년 바쿠로 이사하여 1914년 바쿠 노동자 총파업을 지도하였는데, 러시아 군대가 개입하여 그 총파업은 진압되었고 그는 체포되었다. 1917년 러시아 혁명 때까지 수감되었던 샤후미안은 1918년 바쿠 코뮨 정부를 수립하여 아제르바이잔이 후원하는 무사바트와 전쟁에 돌입하였다. 그 전쟁에서 샤후미안과 무사바트 측에서 각각 1만 명과 2만 명이 사망했다. 이런 혼란한 상황에서 터키군이 바쿠시를 점령하고 샤후미안의 코뮨은 붕괴하고 샤후미안은 반혁명 세력에 체포되어 처형되었다.

스탈린에 의한 일인 독재, 일인 우상숭배는 아르메니아 사도교회의 민주주의와 맞지 않았고, 적대하는 세력에 대하여 비타협적인 공산당의 적대 의식은 교회의 사랑의 정신과 양립할 수가 없었다. 1930~1940년대에 공산당은 수백만 명의 사람들을 '인민의 적'이라는 죄목으로 학살하였다. 이 과정에서 수많은 아르메니아 교회의 사제들과 신도들이 처형되었다.

11. 불가리아, 기독교와 공산주의

불가리아 개관

성 소피아 성당

　불가리아는 발칸반도 동남부에 있는 나라이며 민주공화국이고 수도는 소피아이다. 이 나라의 위치는 북위 42도, 동경 23도에 있고 국토 면적은 약 11만 제곱킬로미터이며 인구는 약 690만 명 정도이다. 일인당 GNP는 약 11,000달러이다.

　서쪽은 세르비아, 마케도니아이고 남쪽은 그리스와 터키이며 북쪽은 루마니아이고 동쪽은 흑해이다. 기후는 지중해성 기후를 기초로 북쪽은 대륙성 기후를 보여 준다. 겨울 평균은 영하 1도이고 여름 평균기온은 21도이다.

여타 동유럽 국가들과 유사하게 동방정교회의 민족별 자치 독립 교구(Autocephaly)인 불가리아 정교회가 지배적인 종교이고 불가리아어를 사용한다.

불가리아 역사

고대 '대(大)불가리아'(Παλαιά Μεγάλη Βουλγαρί)는 632년경에 '쿠브라트'(Kubrat, 605~665)가 불가리아족을 중심으로 건국한 국가였다. 40년도 못 되어 불가리아 왕국은 붕괴하고 잔존 세력들은 볼가강, 마케도니아, 이탈리아로 들어가 세력을 확장했다. 681년에 '아스파루흐'(Asparukh, 640~701) 왕이 '제1차 불가리아 제국'을 세웠고 이 제국은 10세기 초 '시메온 1세'(Симеон I, 864~927) 때 강력한 군사력으로 콘스탄티노플을 5차례나 공격하기도 하였다.

그렇게 지속되던 불가리아는 오스만튀르크 제국에 망하였다. 따라서 1395년부터 1879년까지 불가리아는 오스만 제국의 식민지였다. 1879년, 마침내 불가리아는 자치를 획득했고 1908년에는 오스만에서 독립하여 불가리아 왕국을 수립하였다. 하지만 1913년 발칸전쟁에서 패배하여 그리스, 루마니아, 세르비아, 마케도니아에 영토 일부를 빼앗겼다.

제1차 세계대전과 제2차 세계대전에서 불가리아는 독일과 합세하여 전쟁을 일으킨 진영에 참가했다. 그러나 제2차 세계대전 말,

1944년 돌연 독일에 등을 돌리고 연합국 진영으로 서게 되어 제2차 세계대전에서 승전국이 되었다.

그 후, 1947년에 소련이 '시메온 2세'를 폐위시키고 불가리아 인민공화국을 세웠다. 이 사건으로 다른 나라에 망명한 시메온 2세는 공산정권이 붕괴하자 망명 생활을 끝내고 귀국하여 불가리아 민주공화국에서 2001년 내각 총리가 되었다.

공산주의 불가리아는 1989년, '토도르 지프코프'(Христов Живков, 1911~1998)가 공산당 내부의 압력을 견디지 못하고 사퇴함으로써 위로부터의 혁명이 발생하여 불가리아 공산주의 체제가 붕괴하였다.

불가리아 종교와 기독교

불가리아는 865년 동방정교회를 국교로 받아들이고 선포하였다. 이후 동방정교회는 불가리아에서 독립교구를 가진 불가리아 정교회가 되어 불가리아의 지배적인 종교가 되었다. 이후 오스만 제국의 통치로 말미암아 수니파 이슬람교가 전국에 퍼졌지만, 이슬람교는 불가리아의 지배적인 종교가 되지는 못하였다. 이슬람교는 현재 소수 종파로 남아 있을 뿐이다.

가톨릭은 중세에 이미 들어왔고, 개신교는 19세기에 들어왔지만 둘 다 현재 소수 종파로 남아 있다. 현재, 불가리아 정교회를 위시한 동방정교회 계열이 인구의 77%, 이슬람이 10%, 가톨릭이 1%, 개신교가 1%를 차지하고 있다.

우선 불가리아 정교회 역사를 알아보자. 919년, 강력한 불가리아 제국의 '보리스 1세'(Boris Ⅰ, 827~907) 때 불가리아의 정교회는 동방정교회에서 불가리아 정교회로 독립교구를 가진 교회로 독립하여 총대주교(Patriarchate)가 있는 총대주교청을 설치하였다.

동방정교회의 간섭으로부터 불가리아 정교회를 힘으로 독립시킨 불가리아의 보리스 1세는 로마-가톨릭으로부터 영국 교회를 독립시켜 성공회를 만든 헨리 8세에 비견되는 인물이다. 이렇게 동방정교회로부터 최초의 독립된 정교회인 불가리아 정교회가 탄생했다. 300년 뒤 1219년에 세르비아 정교회가, 600년 뒤 1596년에는 러시아 정교회가 독립하였다.

오스만 제국이 통치하는 동안 불가리아 총대주교좌 성당을 비롯하여 수많은 수도원과 성당이 파괴되었다. 많은 성직자가 살해되었고 일부는 외국으로 도피하였다. 당연하게도 불가리아 정교회가 파괴된 공간에 그리스 문화와 그리스 정교회가 파고들어 와 권력과 위계질서의 지배적인 흐름이 되었다. 1860년대 그리스 정교회로부터 독립하려는 격렬한 투쟁은 마침내 1870년 오스만 제국 술탄의 포고령으로 말미암아 불가리아 총대주교청이라는 열매로 복원되었다.

이후 우여곡절을 거치면서 1945년 콘스탄티노플 총대주교는 불가리아 교회의 독립을 승인하였다.

불가리아 기독교와 공산주의

공산주의 정권의 전형적인 종교전략은 종교를 폐지하고 국민에게 무신론을 주입하는 것이었다. 당시 모든 공산정권은 마르크스-레닌주의의 종교에 대한 관점에 따라 종교를 말살하려고 했다. 레닌은 "종교는 다른 사람을 위한 끊임없는 노동, 궁핍과 고립으로 인해 곳곳에서 대중을 무겁게 짓누르는 영적 억압의 한 형태다…. 이 땅에 있는 동안 복종하고 인내하며 하늘의 상급을 바라는 마음으로 위로를 받는 것… 종교는 백성에게 아편"이라고 말했다. 아편이라고 선언된 종교는 박멸되어야 했고 아편을 대체하는 치료제로서 과학적 무신론이 채택되었다.

공산당이 실질적으로 불가리아를 지배하기 20년 전에 불가리아 공산주의자들은 기독교와 기독교 신자들에게 끔찍한 테러를 자행했다. 공산주의자들은 소피아에서 인류 역사상 가장 피비린내 나는 암살 중 하나를 저질렀다. 1925년 4월 16일 목요일에 불가리아 수도, 소피아의 성 네델리아 대성당에서 정부의 모든 관료들, 최고 계급의 장군, 수백 명의 시민이 참석한 장례식이 거행되는 동안 성당 돔이 폭파되었다. 이 테러로 인하여 140명이 사망했고 약 500명이 부상했다.

그 후 암살 피해자들의 사망 40일을 기념하기 위해 '대주교 보리스'(Metropolitan Boris, 1888~1948)는 「순교」라는 제목의 주목할 만한 논문을 썼는데, 이 기사에서 그는 공산주의의 진짜 모습과 '테오마키주의'(theomachist)라는 이념을 폭로했다. 그러면서 그는 무엇보다도 이 끔찍한 비극의 영적인 원인을 논리적으로 설명하면서 국가의 현재와 미래를 위하여 이 사건의 의미와 중요성을 강조하려고 노력했다.

참고로, 테오마키는 어원상, '신과 싸우는 자'로서 인간을 의미하는데, 테오마키주의는 인본주의 무신론 사상이다. 이 사상은 무신론 사상으로 당시 기독교를 공격하는 공산주의와 그 아류들을 말한다. 당시 불가리아에서 기독교에 반대하는 실존주의가 유행하고 있었는데. 실존주의자들 가운데 신을 인정하는 자들이 있었기 때문에 공산주의자들을 위시한 테오마키주의자들은 이러한 유신론적 실존주의자를 맹렬하게 공격했다.

실질적으로 공산당이 불가리아를 지배한 시기는 1944년부터 1989년까지였다. 그 기간에 불가리아 공산당은 교회를 파괴하는 것보다 교회를 통제하는 전략을 택하였다. 말하자면, 공산당의 전략은 파괴와 멸망이 아니라 통제와 조종을 택했다는 것이다.

먼저, 1944년부터 1947년까지 불가리아 교회는 결혼, 이혼, 출생

증명서와 성사와 관련된 관할권을 박탈당했다. 당시 '보리스 주교'는 암살당했고 어떤 수도원장은 투옥되었다. 성직자들이 투옥되거나 사형당했다. 또 정권에 반대하는 성직자를 축출하고 정권에 충성하는 성직자를 그 자리에 임명했다.

공산화에 앞장선 막심 주교

두 번째로 불가리아 정교회와 공산당은 공생과 공존을 택하였다. 정교회의 공의회 회원 15명 중 11명이 공산주의와 국가 안보를 위해 일하였다. 그 보답으로 공산당은 불가리아 정교회가 총대주교청으로 세워지는 것을 지지하였다. 가령, 총대주교였던 '막심'(Maxim, 1914~2012)이 지도하던 불가리아 정교회는 불가리아의 보안당국과 긴밀하게 엮여서 WCC에 가입하여 소련의 입장을 지지하고 옹호하였다.

이윽고 1989년 공산정권이 붕괴하고 민주 정부가 수립되었다. 공산당의 악폐가 드러나면서 공산당에 충성하고 부역한 사람들이 조사받고 공직에서 퇴출당하였다. 당연히 공산당에 부역한 성직자들도 조사받고 책임을 져야 했지만, 불가리아 정교회 수뇌부는 '정교 분리'를 내세우며 조사위원회에 저항했다. 이 일로 말미암아 불가리아 정교회는 조사를 찬성하는 그룹과 반대하는 그룹으로 분열되었다. 하지만 당시 대주교인 '이노켄티'의 정치력으로 이러한 교회 분열은 해결되었다.

세 번째로 불가리아 공산당은 과학적 무신론을 도입함으로써 교회를 말살하려고 했다. 공산당은 가정에서 종교적인 모임을 불법화하고 무신론적인 양육과 교육을 강요했다. 공산당은 종교를 반대하는 과학적 무신론을 통한 양육과 교육을 통하여 공산주의적인 인간형, '새 사람'을 만들려고 했다. 또, 기독교인들이 교육, 직업, 그리고 공직에 진출할 수 없게 하는 조치들과 같은 기독교인에 대한 강력한 차별이 있었다.

단지, 불가리아에서 기독교가 유용했던 것은 불가리아의 국가적 정체성을 유지하는 부분에만 한정되었다. 시민적 정체성을 확인하는 도구로써 세례를 '시민 세례'로 변형시키고 탄생, 결혼, 죽음에 대한 성사만이 불가리아 교회의 존재 이유가 되었다. 교회는 그러한 국가(공산당-국가)의 요구에 복종했고 그 복종의 대가로 교회의 명맥만 유지하였다.

12. 아제르바이잔, 기독교와 공산주의

아제르바이잔은 조지아, 아르메니아와 함께 소련으로부터 독립한 민주공화국이며 이 두 나라와 함께 복잡한 관계를 맺고 있다. 특히, 아제르바이잔은 조지아, 아르메니아와 함께 러시아, 터키, 이란이라는 역사적으로 오랜 강대국들에 무수한 침략을 받으며 많은 영향을 받았다.

아제르바이잔은 '불의 나라'로 불릴 만큼 예전부터 석유와 가스가 대량으로 매장되어 있어 러시아와 함께 석유와 가스 생산과 수출이 국부의 중심을 이루고 있다. 오래된 이슬람 국가이지만 독특한 역사적 배경과 공산당 통치의 영향으로 매우 세속적인 이슬람 국가이기에 여타 이슬람 지역보다 종교적으로 상당한 자유가 보장되어 있다.

아제르바이잔은 전쟁으로 인하여 적대 관계에 있는 아르메니아와 함께 국제적 역학의 중심축으로 작용하여 미국과 러시아, 이스라엘과 이란을 둘러싼 국제적인 역학이 특이하게 작동하고 있다. 아제르바이잔은 反러시아 경향이 아주 강하며 친이스라엘로 기울어졌지만, 이스라엘에 적대적인 터키와는 오래된 혈맹이다.

아제르바이잔 개관

키시에 있는 아제르바이잔 교회

아제르바이잔(Azərbaycan Respublikası)은 캅카스(카프카스, 코카서스)에 있는 공화국으로 북위 40도 동경 49도에 위치하며 수도는 바쿠이다. 국토의 면적은 87,000㎢로 남한 면적의 87% 정도이고 인구는 2021년 기준 약 1,000만 명이며 일인당 PPP는 2019년 기준 약 19,000불 정도이다. 공용어는 아제르바이잔어이고 인구 구성에 있어서 인구의 90%가 아제르바이잔인이고 나머지 러시아인과 다게스탄인, 아르메니아인이 있다. 북서쪽은 조지아, 서쪽은 아르메니아, 남쪽은 이란이며 동쪽은 카스피해가 있고 북쪽은 러시아 다게스탄 공화국이다.

아제르바이잔은 '불의 나라'로 불릴 만큼 석유, 천연가스를 생산하는 산유국이며 석유산업, 수력, 전기, 강관 제조, 알루미늄 제조 산업으로 유명하다. 농업에서는 쌀, 포도, 면화, 담배가 생산되고 있다.

1993년 이래로 현재까지 장기간 통치한 '알리예프' 부자가 7년 중임제 대통령직을 수행하고 있다. 현재 '일함 알리예프'(İlham Heydər oğlu Əliyev, 1961~) 대통령은 임기 제한을 철폐하여 영구적인 통치를 계획하고 있다.

아제르바이잔 역사

현재 아제르바이잔 땅은 고대에 중앙아시아의 튀르크계 유목민족과 남서쪽의 그리스-로마 세력과 남동쪽의 페르시아 세력이 서로 패권을 다투던 지역이었다. 캅카스지역의 여러 민족이 거쳐 간 현재의 아제르바이잔 지역은 기원전 7세기에 '메디아'(성경에서는 '메데'라 불림) 왕국이 수립되었다가 기원전 550년, '페르시아'(성경에서는 '바사')의 '키루스 2세'(고레스)에 의해 페르시아에 복속되었다. 이 시기에 페르시아 종교인 조로아스터교가 전해졌고 이후 조로아스터교는 아제르바이잔의 민족의식과 문화의 기반이 되었다고 평가할 수 있다.

아트로파테스 왕

페르시아가 마케도니아의 알렉산더에 의해 멸망하자, 당시 아제르바이잔 땅의 페르시아 총독(사트라프)이었던 '아트로파테스'(Ατροπάτης, B.C. 370~B.C. 321)가 알렉산더 왕에게 신속하게 항복하여 총독(사트라프) 자리를 유지하게 되었다. 이후 헬라 제국이 붕괴하자 아트로파테스는 즉시 독립을 선포하여 자신이 다스리는 땅을 '아트로파네스의 땅'을 의미하는 '아트로파테네'(Ατροπατηνή) 라고 선포하였다. 이 단어가 페르시아어로 '아다르바예간'(آذربایگان)으로 되었다가 최종적으로 '어재르바이전'(آذربایجان)으로 되었다. 이후 파르티아 제국이 번성할 때는 파르티아의 제후국으로, 사산조 페르시아가 번성할 때는 사산조 페르시아의 제후국이 되었다.

7세기에 아라비아의 이슬람교도가 제국을 형성하여 사산조 페르시아를 붕괴시키자, 아제르바이잔은 북쪽의 하자르칸국과 남쪽의 이슬람 왕조의 전쟁터가 되었다. 이렇게 하여 아제르바이잔은 점차로 이슬람화가 진행되었다. 당시에 아제르바이잔에 살던 사람들은 현재와 다르게 '수니파'(현재는 시아파를 믿고 있다) 이슬람교를 믿었는데, 조로아스터교 신앙은 절대로 포기하지 않았다.

861년에 아제르바이잔 지역의 튀르크인들을 중심으로 '쉬르반샤 왕조'(Shirvanshahs, 861~1538)가 '헤이덤'(Haytham ibn Khalid) 왕에 의해 수립되어 튀르크어를 사용하게 되면서 튀르크화가 서서히 진행되었다. 이후 하자르 칸국이 멸망하자 하자르의 귀족이었던 '셀주크'(Böyük Səlcuq İmperiyas, ?~1007)가 튀르크의 귀족과 군벌을 규합하여 '셀주크-튀르크제국'을 건설하여 페르시아와 메소포타미아 일대를 지배하게 되었다. 따라서 아제르바이잔도 셀주크-튀르크제국의 지배를 받게 되었다.

이후 몽골이 아제르바이잔에 침략하면서 몽골의 일 칸국이 아제르바이잔을 지배하였고 점차로 이란계 부족들은 아제르바이잔에서 사라지게 되었다. 몽골을 뒤이은 티무르제국도 아제르바이잔을 통치했지만, 1507년에 멸망하였다. 그러자 아제르바이잔 근처에서 발흥한 사파비제국의 '이스마일 1세'(Şah İsmayıl, 1487~1524)가 패권을 잡았다.

사파비 제국의 이스마일 1세가 이끄는 '키질바스'(Qızılbaş)라는 튀르크 무장 집단은 원래 조로아스터교 신자들이었는데, 13세기에 수피교 교단으로 개종하였다. 15세기에 그들은 다시 극렬한 시아파 무장 집단이 되어 점령하는 곳마다 개종을 강요하였다. 그들은 "모든 수니파를 쓸어버려야 한다."라고 믿으며 수니파 신도뿐만 아니라 성직자들을 학살했다. 이들은 수니파뿐만 아니라 기독교인들을 납치, 학살하며 강제적으로 개종시켰다. 그러나 키질바스와 극단적 시아파는 시간이 지나면서 세력을 잃게 되었다. 이후 키질바스는 터키의 온건한 수피교 교단과 연합하여 상당히 온건한 시아파가 되었다.

사파비 왕조가 아프가니스탄의 파슈툰족에 의해 멸망하자 아제르바이잔은 오스만튀르크의 지배를 받았다. 하지만 이란의 '나디르 샤'(Nader Shah Afshar, 1688~1747)가 오스만튀르크와 전쟁에서 승리하여 아제르바이잔을 수복하였다. 이후 아제르바이잔에 '카자르왕조'가 세워졌으나 영국과 러시아의 갈등이 격화된 19세기 초에 러시아가 캅카스를 점령하면서 아제르바이잔은 러시아에 합병되었다. 결국 아제르바이잔은 영국과 러시아에 의해 분할되어, 현재 이란 북서부에 있는 아제르바이잔에 1,000만 명의 아제르바이잔인들만 남게 되었다.

아제르바이잔은 러시아가 점령한 이후로 러시아화가 진행되었고 러시아 정교회가 이식되기 시작하였다. 아울러 다른 기독교 종파들의 선교도 시작되었다. 이후 제1차 세계대전과 러시아 혁명의 여파로 아제르바이잔은 1918년 4월에 조지아, 아르메니아와 함께 '자캅카스연방'으로 독립하였다. 그리고 한 달 후에 연방을 탈퇴하여 '아제르바이잔 민주공화국'을 수립하였다. 하지만 민주공화국은 오래가지 못했다.

1920년 소련군에 의해 수도 바쿠가 점령당하며 소련에 편입되었다. 아제르바이잔의 공산당 정부는 1922년, '자캅카스 연방 소비에트 공화국'에서 1936년 '아제르바이잔 소비에트 공화국'으로 독립하였다. 70년 뒤, 1991년에 아제르바이잔은 소련에서 탈퇴하여 민주공화국이 되었다. 이후 아르메니아와 '나가르노카라바흐' 지역을 놓고 1988~1994년, 2016년, 2020년에 전쟁을 벌였다.

아제르바이잔 기독교의 역사

1세기경 열두 제자 중 하나인 '다대오'($\Theta\alpha\delta\delta\alpha\tilde{\iota}o\varsigma$, 유다라고도 불린다)의

제자인 '엘리사'(Elisha, ?~79)가 현재 아제르바이잔에 있는 가장 오래된 도시인 키시(Kish)에 교회를 세웠다. 한편으로 인접한 아르메니아 지역에서는 301년 기독교가 국교로 채택되고 아르메니아 사도교회가 지배적인 종교가 되었다.

450년에는 페르시아 왕, '야즈데게르드 2세'(Yazdegerd II, ?~457)가 캅카스 알바니아, 아르메니아, 조지아 귀족들을 회유하여 그들이 각각 지역으로 돌아가 주민들을 조로아스터교로 개종하게 했다. 그러나 각 지방에 돌아온 귀족들이 페르시아 왕에 대적하여 전쟁을 벌였다가 귀족들의 기독교 연합군이 아바라이르 전투에서 패하였다. 그 결과로 이 지역에 살던 사람들은 5세기 중반 조로아스터교로 강제 개종하게 되었다. 그러나 5세기 후반에 '바챠간 3세'(Vachagan Pious, 485~523)는 우상을 척결하고 알바니아를 기독교 나라로 만들었다. 그는 전국 수도원에 성직자를 보내는 등 기독교를 장려하여 기독교의 황금시대를 만들었다.

이 지역의 지배적인 교회인 알바니아 교회(발칸반도의 알바니아가 아니고 러시아의 다게스탄 지역과 아제르바이잔을 아우르는 '캅카스 알바니아')는 451년 칼케돈 공의회에서 '단성론'을 지지하였으나, 600년대 초에는 '양성론'을 받아들였다. 이후 알바니아 교회는 "한 위격 안에 신성과 인성이 존재한다."라는 '칼케돈 신조'를 지지하는 칼케돈 교회와 칼케돈 결의를 반대하는 비칼케돈 교회로 나뉜다. 참고로, 비칼케돈 교회에 속하는 것들로서 단성론으로 유명한 콥트교와 아르메니아 정교회, 대부분의 동방정교회 등이 있다.

훈족이 다게스탄(아제르바이잔과 국경을 접하는 러시아 땅)을 점령한 뒤인 7세기 중엽, 알바니아 교회의 총대주교 '엘리에셀'(Eliezer) 시대에 알바니아 주교이자 선교사인 '이스라엘'(Israel)은 훈족에 선교사로 파송되어 훈족에게 선교를 했다. 하지만 그의 선교는 거의 성과를 거두지 못했다.

705년에 아르메니아 사도교회의 독립교구였던 알바니아 교회는 폐지되고 1058년까지 아르메니아 사도교회의 대주교청 교회로 복속되어 존속하였다. 즉, 아르메니아 사도교회와 알바니아 교회로 나뉘었던 아제르바이잔 교회는 아르메니아 사도교회에 종속되어 350년간 존속하게 되었다. 그 후, 아제르바이잔 교회는 1058년에서 1434년까지 알바니아 독립교구청이 회복되었으나 다시 1430년대부터 1828년까지 아르메니아 교회에 종속되어 유지되었다.

칼케돈 공의회의 결정으로 인한 분열과 이슬람의 침략으로 인한 대규모 개종으로 인하여 아제르바이잔 지역(코카서스 알바니아)은 다양한 이슬람 종족 그룹으로 분화되었다. 그런데, 주목할 것은 캅카스 알바니아 지역에서 기독교인으로 남은 자들은 아르메니아인이 되었다는 것이다. 그런데 조지아 정교회에 영향을 받은 지역의 사람들은 조지아 정교회로 개종하였다. 요컨대, 캅카스 알바니아 교회는 키시 대교구를 중심으로 북방의 칼케돈 정교회와 남방의 아르메니아 사도교회로 분열되어 존속하게 되었다.

이란의 사파비 왕조가 아제르바이잔을 통치할 때인 17세기와 18세기에 알바니아 교회는 극심한 탄압을 받았다. 이란이 침략할 당시 20만 명의 알바니아 교회, 즉 칼케돈 교회와 아르메니아 교회의 신자들은 극심한 탄압을 받아 대부분 이슬람교로 개종했다. 그러나 아르메니아 사도교회는 러시아가 통치한 19세기까지 계속 존재하여 현재까지 이르고 있다.

아제르바이잔 기독교와 공산주의

1920년 소련군의 침략으로 아제르바이잔 민주공화국이 무너지자 '바쿠 볼셰비키'와 '이슬람 사회민주당'을 위시한 모든 공산주의 정당이 모여서 '아제르바이잔 공산당'을 창당하여 정권을 잡았다. 이후 공산당은 정권이 종식될 때까지 근 70년간 아제르바이잔을 통치하였다.

아제르바이잔 수도 바쿠는 다양한 종교, 문화와 정당으로 유명하다. 당연히 바쿠에는 이슬람교뿐만 아니라 다양한 기독교 종파가 활동하고 있었고 다양한 정당들이 활동하고 있었다. 물론 공산당도 바쿠에서 가장 활발하게 활동하였다. 아제르바이잔 공산당을 이끌었던 '자파르 바히로프'(Jafar Baghirov, 1896~1956)는 아제르바이잔의 대표적인 공산주의자인데, '아제르바이잔의 스탈린'으로 불리는 악명 높은 공산주의자다. 그는 비밀첩보부대(NKVD)를 지휘하며 악명을 떨쳤는데, 당시 소련첩보부대를 지휘하던 '베리아'(ლავრენტი ბერია, 1899~1953)와 교류하면서 1940년까지 7만 명을 숙청하였다.

1936~1938년에 진행된 숙청에서는 공산당 내에서 반대파들을 먼저 잔인하게 숙청하고, 다음으로 판사, 과학자, 문인, 문화계 인사 등 지식인들을 대거 숙청하였다. 바히로프는 시골 마을에서부터 도시의 극장, 영화관까지 곳곳을 수색하며 숙청 대상자를 색출하였다. 베리아와 스탈린이 죽고 나자, 바히로프는 1918년 러시아 내전에서 반역한 혐의로 1956년 형장의 이슬로 사라졌다.

이러한 숙청에 더하여, 아제르바이잔 공산당은 교회 건물을 몰수하거나 파괴했다. 1888년 러시아가 아제르바이잔을 통치할 때 러시아 황제의 지원과 바쿠의 이슬람 세력들의 협조로 건축을 시작하고 이슬람교와 유대교로부터 상당한 기부를 받아 1898년 완공된 '알렉산더 네프스키(Александро-Невский Собор) 대성당'은 1937년, 아제르바이잔의 대숙청 기간에 철거되었다.

철거되는 네프스키 성당

현재, 아제르바이잔에서 기독교인은 인구의 4% 정도로 약 40만 명이 있다. 대부분, 러시아 정교회 신자들로 러시아인과 조지아인이 대부분이다. 오랜 기간 아르메니아와 전쟁을 했기 때문에 아르메니아 사도교회 교인들은 거의 없다. 인구 대부분이 이슬람교도지만 세속적인 이슬람과 종교의 자유를 표방하는 전통으로 말미암아 상당한 종교적인 자유를 누리고 있다. 하지만 아제르바이잔에서는 은밀하고 간접적인 방식으로 기독교에 대한 탄압이 일어나고 있다.

가정교회에서 비밀집회를 이끈 목사가 징역형을 받거나 교회에 다녔다는 이유로 해고된 경찰관도 있다. '자우어 발라예프'라는 침례교 목사는 가정교회를 이끌다가 비밀경찰에 체포되어 경찰을 폭행했다는 거짓 죄목으로 10개월간 감옥에 갇혔는데, 국제적인 인권단체와 지미 카터 대통령의 관여로 2008년 석방되었다.

13. 세르비아, 기독교와 공산주의

세르비아는 크로아티아와 더불어 공산주의 연방국이던 유고슬라비아의 한 축이었다. 세르비아는 공산정권인 유고슬라비아가 붕괴함으로써 독립했지만 오랜 기간 내전을 거치고 지금에 이르렀다. 세르비아는 세르비아 정교회와 같이한 역사로 말미암아 세르비아 정교회가 민족의 정체성에 뿌리박고 있다고 평가할 수 있다.

세르비아 개관

베오그라드의 성 사바 성당

세르비아(Република Србија, Republika Srbija, 레푸블리카 스르비야)는 유럽 동남쪽, 발칸반도 중앙에 있는 판노니아 평원에 자리 잡은 민주공화국이다. 세르비아는 북위 44도, 동경 20도에 있고 수도는 베오그라드이다. 서쪽에는 크로아티아, 보스니아-헤르체고비나가 동쪽에는 루마니아와 불가리아, 남쪽에는 마케도니아, 코소보가 있고 북쪽에는 헝가리가 있다. 국토의 면적은 77,000㎢로 남한 면적의 약 77% 정도이고 인구는 약 700만 명이며 일인당 GNP는 2020년, 약 2만 달러다. 종교는 세르비아 정교회 85%, 로마-가톨릭 5%, 이슬람교 3% 정도이다. 세르비아인은 슬라브 민족으로 오랜 기간 세르비아인으로 불렸고 세르비아어를 공용어로 사용한다.

세르비아 기독교의 역사

세르비아는 9세기부터 기독교 국가로 존재하였다. 물론 세르비아 인구 대부분이 속한 종파는 동방정교회에서 나온 세르비아 정교회이다. 오스만튀르크가 침략하여 통치한 결과 일부지역에는 이슬람교가 지배적인 종교가 되었다. 현재 세르비아인 가운데 약 85%가 세르비아 정교회에 속해 있고 5%가 로마-가톨릭, 3%가 이슬람, 그리고 1%가 개신교인들이다. 세르비아에서 종교와 관련하여 특색이 있는 지역이 크로아티아, 헝가리, 루마니아에 둘러싸인 '보이보디나'(Vojvodina) 지역이다. 이 지역에는 루마니아 정교회, 로마-가톨릭, 개신교인들이 골고루 분포되어 있다.

세르비아 정교회는 세르비아 민족의 정체성이라고 불러도 손색이 없다. 실제로 세르비아 민족은 세르비아 정교회와 함께해 왔다. 세르비아 정교회는 불가리아 정교회 다음으로 창설된 '독립된 총대주교청'이다. 현재 세르비아 정교회에 속한 지역은 세르비아, 보스니아 헤르체고비나, 몬테네그로, 크로아티아 등지이다. 세르비아 정교회는 1346년에 동방정교회에서 독립하여 총대주교청을 세워 독립하였다. 세르비아 정교회는 계속 발전하다가 오스만튀르크가 침략하여 지배할 때인, 1766년 폐지되었다가 약 150년 뒤, 1920년에 재건되었다.

세르비아의 역사는 9세기경, 세르비아 공국으로부터 시작된다. '블라스티미르'(Vlastimir, 805~851)가 불가리아 제국을 물리치고 세르비아 공국을 세웠다. 850년에는 '무티미르'(Mutimir, 830~891) 공작이 동방정교회를 국교로 세웠다. 그러다가 1217년, '스테판 네마니치'(Стефан Немања, 1165~1227)가 '세르비아왕국'을 건국하고 세르비아 왕이 되었다. 1219년에 세르비아 정교회가 동방정교회로부터 불가리아 정교회에 이어 두 번째로 독립하였다. 세르비아 정교회를 동방정교회에서 독립시킨 인물은 당시 왕자로서 수도사, 목회자, 선교사로 활약하던 '사바 1세 네마니치'(Сава I Немањић Српски, 1174~1236)였다.

14세기 중엽에는 세르비아왕국의 국력이 크게 신장하여 발칸반도 대부분을 석권하였다. 하지만 1389년, 코소보에서 세르비아가 오스만튀르크에 패하면서 그때부터 오스만튀르크의 지배를 받았다. 근 500년이 지난 후, 1830년 오스만으로부터 '세르비아공국'이 자치권을 얻게 되었다. 50년 뒤, 베를린 조약으로 세르비아공국은 국제적인 승인을 얻어 1882년 '세르비아왕국'으로 재편되었다.

1300년대 중반에 세르비아왕국의 국력이 팽창함에 따라 세르비아 정교회의 위상도 높아졌다. '슈테판 두샨'(Стефан Урош IV Душан, 1308~1355) 왕이 황제로 등극하면서 1346년에는 불가리아 총대주교와 세르비아 대주교를 불러서 회의를 개최하였다. 이 회의에서 세르비아 대주교는 세르비아 총대주교가 되었다. 15세기 중후반에 세르비아를 완전히 정복한 오스만 제국 아래에서 세르비아 총대주교청은 사실상 폐지되었다. 그러다가 1557년 술탄 '슐레이만 1세'는 세르비아 총대주교청을 회복시켰다.

오스만튀르크 슐레이만 1세의 오랜 정복 전쟁의 여파는 심각했다. 경제가 불안해졌고 부패와 뇌물이 만연한 가운데, 오스만튀르크는 세르비아를 상대로 계속해서 정복 전쟁을 진행하였다. 결국 1594년 바나트(Banat)에서 불가리아 정교회 교인인 '테오도르'(Теодор)와 '사바 테미 슈바라크'(Сава Темишварац)가 반란을 일으켰다. 이 '바나트 봉기'는 1,000명 이상의 사망자를 내면서 실패로 끝났다. 이 봉기 여파로 테오도르는 화형을 당했고 세르비아 정교회를 세운 '사바 1세'의 유물이 소각되었다. 오스만 제국은 세르비아 정교회가 반란을 주도하였다고 판단하여 이후 계속 교회를 탄압하다가 마침내 1766년 총대주교청을 폐지하였다.

오스만 제국의 가혹한 세금과 탄압으로 인해 세르비아 정교회 교인들은 이슬람으로 개종하거나 종교의 자유를 위하여 합스부르크 왕가로 대거 이주했다. 당시 세르비아 정교회는 세르비아 민족의 정체성이었고 세르비아 민족주의의 구심점이었다. 결국 19세기 후반 오스만 제국으로부터 독립한 세르비아는 동시에 세르비아 정교회와 총대주교청을 복구했다.

그 후 제1차 세계대전에서 막대한 피해를 본 세르비아 정교회는 제2차 세계대전 당시에 가톨릭-파시즘 정권이며 反세르비아 측에 있던 크로아티아의 '우스타샤 정권'(Ustaša, 1929~1945)으로부터 극심한 피해를 보았다. 그 와중에 수많은 세르비아인이 학살당했고 많은 이들이 추방당하거나 가톨릭으로 개종하도록 강요를 받았다.

제2차 세계대전 후, 세르비아 정교회는 세르비아 왕실과 연결된 세르비아 민족주의 군사 조직인 '체트니크 운동'(Четници, 1904~1946)과 연루되어 공산당에 의하여 극심한 탄압을 받았다. 세르비아 정교회 재산은 몰수되었고 학교에서 종교 교육은 금지되었다. 세르비아 정교회를 위시한 모든 종교가 당시 세르비아와 인근 국가를 통합한 '공산 유고슬라비아 정부'에 의하여 탄압받았다.

세르비아 민족주의 군사 조직, 체트니크

1945년에 정권을 잡은 '티토'(Јосип Броз Тито, Josip Broz Tito, 1892~1980)는 좌익 야당을 모아서 통일전선인 '인민해방전선'을 만들었다. 티토가 이끄는 임시정부는 레닌의 혁명론에 따라 사회주의 공화국을 만들기 위해 총선거를 하였다. 사회주의 공화국의 헌법을 만들기 위하여 제헌의회가 구성되어야 했다. 그리고 티토가 지도한 '유고슬라비아 공산당'은 총선거에서 압도적으로 승리하였다. 곧이어 공산당이 주도하는 제헌의회가 '사회주의 공화국 헌법'을 만들려는 계획을 세우고 그 계획대로 실행했다.

1945년 총선은 공산당에 반대하는 정치적, 종교적 세력을 완전히 배제한 상태에서 진행되었다. 이로 인하여 '세르비아 급진당'과 '크로아티아 농민당'은 선거를 거부했다. 유고슬라비아 공산당은 공산당의 일방독주에 항의하는 정치인, 종교인들을 괴롭히고 신문사를 탄압했다. 이렇게 부정한 방식으로 선거가 진행되어 인민해방전선이 90%의 득표율로 승리하였다. 마침내 총선으로 소집된 제헌의회는 왕을 폐하고 '유고슬라비아 사회주의 공화국'을 선포하였다.

이후 유고를 이끈 티토의 공산주의 정부는 소련식 모델을 따라 경제 개발 5개년 계획을 세워 소위, 사회주의 경제 제도를 수립하고 공산주의에 협조적이지 않거나 반항적인 세력들을 숙청하였다.

공산당에 재판받는 스테피나츠 대주교

티토의 공산당은 가톨릭 세력이며 크로아티아 측인 우스타샤 정권과 정교회 세력이며 세르비아 측인 체트니크에 부역했다는 명목으로 공산주의에 반대하는 세력들을 제거하였다. 공산정부는 우스타샤에 가담했다는 이유로 사제와 수녀 200명을 처형했고 '스테피나츠'(Alojzije Viktor Stepinac, 1898~1960) 대주교를 체포하여 17년 징역을 선고하였다. 이 사건으로 말미암아 바티칸의 교황, '비오 12세'는 유고슬라비아에 적대적인 자세를 취하였다.

그런데 티토의 유고슬라비아 공산당은 소련의 일방적인 공산주의 주도권에 제동을 걸었다. 티토는 소련이 주도하는 국제적인 공산당 조직인 '코민포럼'에 불참하였고 소련이 유고에 파견하여 내정을 간섭하던 세력들을 추방하였다. 티토와 스탈린의 불화는 극단으로 치달았다. 소련은 유고슬라비아에 경제제재를 하면서 티토와 그의 정부를 비난하였고 다른 세력들이 티토와 그의 정부를 전복하도록 선동하였다. 티토와 스탈린의 이러한 격렬한 대립은 오히려 서방과 유고슬라비아의 교류가 확대되는 계기를 만들었다.

아울러 유고슬라비아는 경제제도도 수정하였다. 유고슬라비아는 계획경제, 명령경제를 폐지하고 '자주관리경제'로 전환하였다. 1953년에는 국영농장과 집단농장을 해산하고 개인소유를 확대하여 경제가 획기적으로 발전하였는데, 정치적으로는 공산당 일당독재를 여전히 유지하였다. 이런 흐름에 따라 종교에 대한 여러 가지 억압적인 조치들이 점차로 해제되었고 정부에 대한 대중의 비판도 점차로 허용되었다.

하지만 공산당은 중앙집권화를 더욱 촉진하고 당의 규율을 더욱 강화했다. 1945년부터 1953년까지 티토의 공산당은 마르크스-레닌주의의 종교정책에 따라 기독교와 교회를 사상적으로 비판하면서 종교 교육을 폐지하였다. 또 공산주의, 무신론 교육에 힘을 쏟았다. 교인들과 성직자들을 고문하고 투옥하며 교회 재산을 몰수하고 예배를 금지했다.

1965~1971년까지는 유고의 자유화 바람에 힘입어 종교적 자유도 확대되었다. 예배에 대한 탄압은 거의 없어졌고 정부는 교회 내부에 대한 문제에 거의 간섭하지 않았고 신앙, 신학 서적이 많이 출판되었다. 또한 신학교도 성장하였다. 이런 상황에서 교회의 정치적 발언이 증대됨에 따라 유고 공산당은 교회에 경고하고 우려를 표명했다. 이후 공산정권이 붕괴할 때까지 이러한 상황은 지속되었다.

14. 크로아티아, 기독교와 공산주의

바울이 로마서에서 복음을 전했다고 하는 '일루리곤'(롬15:19)과 디도가 무엇인가 하러 간 곳, '달마디아'(딤후4:10)가 있는 크로아티아는 아주 오래된 역사를 자랑하는 나라이다.

크로아티아 개관

크로아티아(Republika Hrvatska)는 공산국가 유고슬라비아를 창설하고 지도한 티토의 조국이자 티토가 맞서 싸웠던 '우스타샤 정권'을 비호한 로마-가톨릭이 우세한 국가이다. 7을 좌우로 바꾼 모양의 크로아티아는 아드리아를 사이에 두고 이탈리아를 마주 보고 있는 남동부 중부 유럽에 있는 국가로서 수도는 자그레브인데, 북위 45도 동경 15도에 있다. 서쪽과 남쪽은 아드리아해, 남동쪽은 보스니아 헤르체고비나와 몬테네그로가 있고 동쪽은 세르비아, 북동쪽은 헝가리가 있고 북서쪽에는 슬로베니아가 있다.

크로아티아 영토는 56,000㎢이고 인구는 2020년에 400만 명 정도이며 일인당 GDP는 3만 달러 정도이다. 크로아티아는 석유, 석탄, 철광석 등 지하자원이 풍부하며 동굴이 많은 카르스트 지형이 많다. 산업인구의 70%가 서비스업에 종사하고 산업인구의 27%가 종사하는 제조업에는 조선, 식품, 제약, 정보기술 등이 있다. 특히 관광업이 발달하여 GDP의 20%를 차지하고 있다. 크로아티아는 아드리아해 연안의 휴양지와 리조트로도 유명하다.

크로아티아 역사와 기독교

크로아티아는 로마제국 시절에는 로마제국의 속주로서 신약성경에 '일루리곤'과 '달마디아'로 나오는 곳이다. 4세기부터 게르만족의 침입을 받아 4세기 말에 게르만족의 일파인 고트족의 지배를 받았다가 잠시 동로마제국의 영토로 되었다. 이후, 크로아티아는 남슬라브족이 남하하면서 남슬라브족의 영토가 되었다. 6세기에 크로아티아 지역을 점령한 남슬라브족은 7세기 초에 '달마디아'에 정착했다.

이때부터 토착민들이 믿고 있던 기독교를 자연스럽게 받아들이기 시작했고 7세기와 9세기 사이에는 대부분의 크로아티아인이 기독교를 받아들였다. 9세기에 이 종족은 '크로아티아 공국'을 세웠다. '미슬라브'(Mislav) 공작과 '트르피미르 1세'(Trpimir I, 815~864) 공작은 로마 교황청과 교류하면서 교회와 수도원을 건축하였다. 이후 925년에 '토미슬라프'(Tomislav, ?~928) 왕이 '크로아티아 왕국'을 세웠고 당시 교황인 '요한 10세'가 크로아티아 왕국을 인준했다.

11세기 '드미타르 즈보니미르왕'(Demetrius Zvonimir, ?~1089)은 교황에게 충성을 맹세하고 충성의 표시로 교황의 사절들에게 '베네딕트 수도원'을 주었다. 베네딕트 수도원은 크로아티아 왕국이 붕괴하면서 사라졌고 대신에 '프란체스코 수도원'과 '도미니크 수도원'이 그 자리를 차지하였다. 결국 이런 것들이 크로아티아에서 예수회가 강력하게 된 원인이 되었다. 특이한 것은 9세기 이후로 교황이 크로아티아에서만 슬라브어와 '글라골문자'(Glagoltic) 문자로 전례를 행하도록 허용했다는 사실이다.

이후 크로아티아는 1102년에 헝가리 왕국과 동맹을 맺고 있다가 1527년 오스만튀르크의 침략에 맞서 오스트리아 왕, '페르디난트 1세'를 크로아티아 왕으로 세웠다.

크로아티아는 9세기부터 로마-가톨릭이 적극적으로 선교한 결과, 기독교 국가가 되었다. 크로아티아 왕국은 '페타르 크레시미르 4세'(Petar Krešimir Ⅳ, 1058~1074) 왕과 '드미타르 즈보니미르'(Dmitar Zvonimir, 1075~1089) 왕이 다스릴 때 최고의 전성기를 누렸다. 크레시미르 왕은 1059년 '니콜라오 2세' 교황의 승인을 얻고 대관식을 치르게 되었다. 1054년 동서교회가 분열되었기에 로마-가톨릭은 자신의 우군을 확실하게 확보할 필요가 있었다. 그래서 '그레고리우스 7세' 교황은 드미타르 즈보니미르 왕을 '크로아티아와 달마시아의 왕'으로 임명했다. 즈보니미르 왕은 '성직 매매와 성직자 결혼 금지'를 포함하는 소위, '그레고리 개혁'을 적극적으로 실천하였다.

12세기에서 16세기에 이르는 4세기 동안 헝가리 왕이 크로아티아의 왕으로 군림하였는데, 헝가리 의회와 왕이 선출한 총독이 크로아티아를 다스렸다. 1493년과 1526년에, 헝가리 제국과 오스만 제국 사이에 벌어진 결정적인 전투인 '모하치 전투'에서 헝가리가 패하였다. 헝가리의 '루이 2세'가 모하치 전투에서 사망하자, 1527년 크로아티아 의회는 합스부르크의 '페르디난트 1세'를 크로아티아의 왕으로 세웠다. 그 후에 오스만 제국이 크로아티아를 점령하여 크로아티아를 합스부르크 왕가와 분할 통치하였다. 이후 17세기 후반에 오스만튀르크가 합스부르크 왕가와 전쟁을 벌였는데, 1683~1698년의 전쟁 결과로 크로아티아는 슬로베니아 땅을 되찾았다. 그러나 서부 보스니아 땅은 잃고 말았다. 서부 보스니아를 탈출한 크로아티아 난민들은 오스트리아로 대거 이주하여 오늘에 이르고 있다.

1797년에서 1809년까지 프랑스 1제국이 크로아티아를 정복하자 영국은 바다에서, 오스트리아는 육지에서 프랑스를 몰아내고 크로아티아는 오스트리아 제국에 흡수되어 달마시아 왕국으로 재건되었다. 19세기 중반에는 낭만주의, 민족주의 사조로 인하여 크로아티아 민족의식이 크게 고양되었다. 1867년에는 오스트리아-헝가리 협정으로 크로아티아는 오스트리아-헝가리 제국의 지배를 받았다.

제1차 세계대전이 끝나고 '크로아티아 의회'(Sabor)는 독립을 선포하고 슬로베니아, 세르비아와 함께 단일한 국가를 세웠다. 1931년 새로운 헌법에 따라 국가의 이름을 '유고슬라비아'로 바꾸었다. 1941년, 나치 독일과 이탈리아에 점령된 유고슬라비아는 나치의 괴뢰정권인

'크로아티아 독립국'(NDH)의 통치를 받았다. '안테 파벨리치'(Ante Pavelić, 1889~1959)와 '우스타셰'(Ustaše)가 이끄는 NDH 괴뢰정권은 인종법을 시행하여 유대인과 세르비아인을 대량 학살하였다.

NDH 정권의 안테 파벨리치

한편으로, 왕당파와 세르비아 민족주의자들로 구성된 체트니크는 이탈리아 파시스트의 도움을 받아 이슬람교도들을 학살했다. 이러한 학살과 탄압에 맞서 티토는 1941년에 다민족으로 구성된 '공산주의 빨치산'을 조직하여 주로 NDH 정권에 저항하였다. 1944년 소련군이 '베오그라드 공세'에 참여할 때 연합군과 소련군의 지원을 받은 티토의 빨치산은 1945년 5월에 이탈리아, 오스트리아 접경지역을 장악했다. 참고로, 제2차 세계대전으로 인하여 유고슬라비아 인구의 약 7%에 해당하는 30만 명이 사망했다.

공산주의 유고슬라비아, 그리고 크로아티아 독립

1944년 공산당 빨치산은 예수회 사제인 '페타르 페리카'(Petar Perica, 1881~1944)를 마카르스카의 닥사에서 공기총으로 처형하였다. 예수회

빨치산이 살해한 페타르 페리카

사제이고 두브로브니크 신학교 교수이며 '두브로브니크 십자군 형제단'의 사제인 페리카는 파쇼집단인 우스타샤에 부역한 혐의로 처형되었다. 같은 시기에 프란치스코 수도회 수사이며 신학교 교수인 '마리얀 블라치치'(Marijan Blažić, 1897~1944)도 빨치산에 의하여 마카르스카의 닥사에서 처형되었다.

1943년에서 1945년 11월까지 존재한 '민주연방 유고슬라비아'는 붕괴하고 1945년 총선에서 승리한 티토의 공산당이 주도하는 제헌의회가 만든 헌법에 따라 공산국가인 '유고슬라비아 인민공화국'이 선포되었다. 티토가 주도하는 유고슬라비아 공산당 정부는 1946년에 전쟁범죄자와 우스타샤에 부역한 인물들을 '베오그라드 재판'을 통하여 처단했다. 아울러 미국 비행기 두 대를 격추하며 친소련 행보를 계속해 나갔다. 그러다 1948년부터 스탈린의 강압적인 노선에 반대한 티토는 1951년에 미국, 영국, 프랑스와 군사원조 협정을 체결하기도 했다.

1963년에 새롭게 제정된 헌법에 따라 '유고슬라비아연방 사회주의 공화국'이 창설되었는데, 이 헌법이 표방한 핵심적인 이슈는 각 공화국, 노동자가 자주적으로 결정하고 다스리는 '자치'였기에 이 헌법을 '자치 헌장'이라고 부르기도 한다. 티토의 유고슬라비아는 "우리만의 사회주의로의 길"(Our Own Road to Socialism)을 개척했다. 요컨대, 이 길은 자본주의의 장점을 살려 사회주의를 실현하는 것으로 노동자가 기업을 경영한다는 것이다.

말하자면 이것은 노동자를 대표하는 '노동자평의회'가 기업을 경영하여 이익을 평등하게 분배한다는 이상적인 정책이었다. 그러나 이 정책은 수많은 문제점을 드러냈고 1968년 학생시위의 원인이 되었다. 당시 가장 인기 있던 구호는 "빨간 부르주아 계급을 타도하라!"였다. 그 이유는 당시 귀족 노조가 학생을 비롯한 민중의 광범위한 분노를 일으켰기 때문이었다. 그럼에도 불구하고 티토의 자주노선으로 말미암아 유고슬라비아는 남유럽 공산국가 가운데 가장 부유한 나라가 되었다.

1980년 티토가 사망하자 유고슬라비아의 경제는 서서히 붕괴했고 이러한 경제위기로 말미암아 민족주의 운동과 반체제 운동이 발전하였다. 소련이 붕괴하면서 유고에서 가장 부유한 크로아티아와 슬로베니아가 1990년, 제일 먼저 독립하였다. 이후 크로아티아는 슬로베니아와 함께 유고슬라비아에 맞서 1991년부터 1995년까지 독립을 위하여 내전을 벌였고 1995년, 실질적으로 독립을 성취하였다.

15. 알바니아, 기독교와 공산주의

알바니아 개관

라보바에 있는 성모마리아 교회

비트쿠크에 있는 성 미카엘 성당

테레사 수녀의 모국이기도 한 알바니아(Shqipëri, 슈치퍼리)는 유럽의 동남쪽에 있는 민주공화국이다. 알바니아의 수도는 티라나이며 북위 41도, 동경 19도에 있다. 1991년 공산정권이 붕괴하여 민주공화국으로 독립하였고 국토 면적은 약 28,000㎢, 인구는 2020년 기준 약 285만 명이며 일인당 국민 소득은 약 6천 달러이다. 발칸반도에 있는 알바니아는 북서쪽에는 몬테네그로가, 남서쪽은 이오니아해가, 북동쪽은 코소보, 동쪽은 마케도니아, 남쪽과 남동쪽은 그리스가 둘러싸고 있다. 알바니아는 지중해성 기후와 대륙성 기후가 공존하여 아열대에서 아북극에 이르는 다양한 기후가 공존한다.

알바니아는 공산주의 경제에서 자본주의 혼합경제로 성공적으로 이행한 국가이며 견실한 성장을 계속하고 있다. 인구의 41%가 농업에 종사하며 포도, 올리브, 오렌지 등의 과일과 담배, 고기, 꿀을 생산하고 있다. 특히, 알바니아는 발칸반도에서 루마니아 다음으로 많은 석유 매장량을 자랑하고 있다. 또한 알바니아는 석유산업, 전자, 섬유, 제조업이 발달한 공업국이다. 알바니아 산업인구의 36%가 일하는 서비스 산업에서는 주로 통신업과 관광업이 견실하게 성장하고 있다.

알바니아 역사와 기독교

알바니아는 사도바울이 복음을 전한 '일루리곤'과 '그리스'(헬라)에 속한 지역이다. B.C. 3000년부터 이곳에 살던 고대 그리스인들은 남쪽으로 내려가 미케네 문명을 일으켰다. 그러나 대다수 일리리아인은 알바니아 지역뿐만 아니라 유고슬라비아 대부분을 점유하며 살았다. 따라서 이러한 역사를 근거로 19세기부터 '범유고슬라비아'(Yugoslavism) 운동이 일어나게 되었다. 말하자면, 유고슬라비아를 민족적으로 문화적으로 통합하는 토대가 '일리리아인'이었던 것이다.

기원전 3세기부터 로마제국과 일루리곤이 싸운 '일리리아 전쟁'(Bella Illyrica)에 패한 일루리곤은 로마에 병합되어 로마의 속주인 달마디아, 마케도니아, 모이시아주들로 분할되었다. 바울이 일루리곤 지역에 복음을 전하고 세월이 흘러, 일루리곤에서 태어난 '아스티우스'(Astius, ?~98)가 로마의 신 디오니소스를 숭배하지 않았다는 이유로 십자가에 못 박혔다. 그 후로 기독교가 확산하던 이 지역에 '아리우스파' 이단이 급격하게 팽창하였다. 이에 로마는 공의회를 개최하여 아리우스파 문제를 다루었고 이 지역의 주교들은 '니케아 회의'에 참여하였다. 니케아 회의 결과로 이 지역에 있던 아리우스파 대부분이 사라지게 되었다.

중세에 이 지역은 비잔틴 제국의 지배를 받았는데, 7세기경에 슬라브족이 이주하면서 민족의 구성이 변하기 시작했다. 대체로 알바니아 지역은 로마-가톨릭과 동방정교회의 관할권이 겹치는 지역으로 동서교회가 분열하기 전까지는 콘스탄티노플의 관할권에 있었다. 그러나 1054년 동서교회가 분열되면서 북부지역은 로마의 관할로, 남부지역은 콘스탄티노플의 관할로 되었다. 9세기에는 불가리아 1제국,

13세기에는 세르비아 공국의 침략을 받았지만, 오히려 이러한 전쟁으로 인하여 비잔틴 제국이 힘을 잃게 되어 알바니아가 독립할 기회를 얻게 되었다.

이후 1190년에 이 땅에 최초의 국가인 '알바니아 공국'이 '프로곤'(Progon, 1190~1198 재위)에 의하여 세워졌다. 알바니아 공국이 1255년 붕괴하자, 1272년 교황에 충성하여 십자군 전쟁에도 참여한 '앙주의 샤를 1세'(Charles of Anjou, 1226~1285)에 의하여 알바니아 왕국이 세워졌다. 샤를 1세가 통치하던 시기에 가톨릭이 전국적으로 확산하였다. 특히 북부 알바니아와 세르비아 지역에 300개 이상의 가톨릭 성당이 세워졌다. 이후 50년 뒤, 1331년부터 4년간 알바니아는 세르비아왕국에 정복되었다.

15세기 초, 알바니아는 오스만 제국에 대부분 정복되었으나 술탄의 인질로 끌려가서 이슬람교로 강제로 개종한 '스컨데르베우'라 불리는 '제르지 카스트리오티'(Gjergj Kastrioti, 1405~1468)가 가톨릭으로 개종하여 오스만 제국과의 전쟁을 벌였고 그 전쟁에서 승리하였다. 곧이어 그는 알바니아 북부지역을 통일하였다. 스컨데르베우는 베네치아, 나폴리와 함께 교황의 지원을 받아 오스만 제국을 격퇴, 저지하여 유럽을 방어하는 전초기지를 마련하였다. 스컨데르베우가 25년간 알바니아를 통치하였지만, 결국 1479년, 알바니아는 오스만 제국에 합병되었다.

결과적으로 15세기에 알바니아는 오스만 제국에 정복되어 500년 동안 오스만 제국의 식민지가 되었다. 오스만 제국은 알바니아의 기독교인을 차별하고 이등 시민으로 대우했다. 그런데 오스만 제국은 가톨릭보다 동방정교회를 더 관대하게 대우하였다. 비록 오스만 제국이 동방정교회의 주교를 추방하고 그들의 재산을 압류하였지만, 동방정교회가 가톨릭보다 훨씬 더 자유롭게 활동하도록 허용했다.

오스만 제국에 정복된 알바니아는 이슬람으로의 개종이 전반적으로 확산하여 수많은 알바니아인이 이슬람교로 개종하였다. 보스니아와 더불어 알바니아는 발칸반도에서 이슬람 세력의 중추가 되었다. 한편으로 알바니아 가톨릭 신도들은 이 시기에 대규모로 이탈리아로 이주하였다. 특이하게도, 15세기 말에는 박해를 피해 스페인을 탈출한 유대인들이 알바니아에 대규모로 정착하였다.

알바니아에서는 이슬람교로의 개종이 서서히 진행되었는데, 17세기에는 로마-가톨릭교인들이, 18세기에는 동방정교회 교인들이 대규모로 이슬람교로 개종하였다. 기독교인이 이슬람교로 개종하는 가운데 독특한 혼합주의 종교가 탄생하였다. 이슬람교에 기독교 의식을 혼합한 '벡타시교'(Bektashi Order)는 1501년에 창시된 시아파 계통의 이슬람 신비주의, '수피즘'에 속하는 종파로서 이슬람 율법의 내면적, 영적 해석을 중시하면서도 가톨릭의 '성찬식'과, '고해성사'와 같은 예식을 공유하고 있다.

1912년에 일어난 발칸전쟁에서 오스만 제국이 패전함에 따라 알바니아는 1912년에 독립을 선포했다. 그러나 알바니아는 1939년에 이탈리아, 1943년에 나치 독일의 침략으로 말미암아 독일의 보호령이 되었다. 알바니아가 이탈리아에 정복되기 전까지 왕국과 공화국이 있었는데 '조구 1세'(Zogu I, 1895~1961)는 총리와 대통령(1922~1928), 그리고 국왕(1928~1939)을 역임한 독특한 인물이다. 1944년, 알바니아는 '엔베르 호자'(Enver Halil Hoxha, 1908~1985)의 '노동당'이 주도하는 공산국가가 되었다. 강력한 스탈린주의 독재를 하면서 국제적으로 고립되었던 알바니아 공산당은 1991년 정권을 잃었다. 이후 알바니아는 민주공화국이 되었다.

알바니아 기독교와 공산주의

1944년 공산당이 정권을 잡았을 때 알바니아 인구 약 120만 명 중 70%는 이슬람, 30%는 기독교인이었다. 1946년 공산당은 '농업개혁법'을 제정하여 수도원, 수도회, 교구의 재산을 몰수하여 국유화하고 수많은 성직자와 교인들을 수감, 고문하거나 처형하였다. 외국인 사제들, 수녀들은 추방되었다. 사립학교의 종교 교육이 금지되었다. 교회 부동산은 몰수되었고 종교기관이 운영하는 자선, 복지 기관, 병원의 모든 활동이 중지되었다. 가장 혹독한 스탈린주의자로 유명한 '엔베르 호자'는 기독교를 비롯한 모든 종교를 말살하려고 했다.

알바니아의 스탈린,
엔베르 호자

호자는 이상적인 공산국가를 건설하기 위하여 서방의 첩자와 수정주의자를 색출, 처단한다는 명분으로 비밀첩보 조직인 '시구리미'(Sigurimi)를 조직하여 극단적인 공안 통치, 검열, 숙청을 자행하였다. 그는 공산주의로 이행하기 위하여 문화혁명이 필연적이라 보았다.

그래서 호자는 종교를 말살하기 위하여 1967년, '무신론 운동'을 강행하였다. 이 운동 과정에서 교회와 이슬람 사원이 대부분 파괴되었고 신자들은 6개월에서 3년간 진화론 교육을 강제로 받았다. 그리고 1967년 말에 세계 최초로 알바니아는 '무신론 국가'를 선언했다.

1992년 공산당이 붕괴하자 26,000명의 신자가 노동교화소, 정치범 수용소에 보내어졌다는 것과 7,000여 명이 고문, 사형 등으로 사망했다는 사실이 밝혀졌다. 심지어 알바니아 공산당은 1976년 알바니아 헌법 37조에서 "국가는 국민에게 과학적 물질주의적 세계관을 심어주기 위해 종교를 인정하지 않으며 무신론적 선전을 지지한다."라고 밝혔다. 또 1977년 형법에서는 "종교 선전 및 종교 문헌의 생산, 배포 또는 보관한 사람들에게 징역 3년을 선고한다."라고 규정되어 있었다.

3부
교회 공산화와 전형적인 형태

1. 러시아의 공산화와 소련 치하의 러시아 정교회

러시아가 공산화됨에 따라서 러시아 정교회를 비롯한 모든 러시아 교회들은 공산주의라는 새로운 상황에서 다양한 모습을 보여 주었다. 그것은 다른 공산주의 국가들의 교회들에 공산주의와 교회의 관계에 관한 선례가 되었다. 따라서 동유럽과 아시아의 공산화 과정에서 각국의 공산당이 취한 교회에 대한 정책과 그러한 공산당의 정책에 대하여 교회가 취한 이러저러한 방책과 태도들은 러시아 사례들과 상당히 유사하다고 평가할 수 있다.

그런 이유로 소련공산당의 종교에 대한 정책과 소련 치하의 러시아 정교회가 취한 방책과 태도를 살펴보는 것이 동유럽과 아시아 공산권의 사례를 파악하는 데 도움이 될 것이다. 요컨대, 소련공산당의 종교정책과 러시아 정교회의 방책과 태도들은 여타 공산주의 국가들의 종교정책과 그것에 대한 교회의 방책과 태도들에 대한 전형으로 여길 수 있다.

소련의 종교정책과 러시아 정교회

한마디로 말하면, 소련공산당의 종교정책 목적은 기독교를 비롯한 모든 종교를 억압하여 마침내 소멸시키는 것으로 요약할 수 있다. 이것이 소련공산당을 비롯한 모든 공산당이 일관되게 추진하는 종교정책이다. 스탈린은 공산당은 종교에 중립적일 수 없다고 하면서 모든 종교적 편견에 대항하여 반종교 투쟁을 해야 한다고 역설했다.

이 지침은 소련공산당이 몰락할 때까지 일관되게 지속되었다. 공산당의 종교정책, 교회에 대한 정책은 때로는 강력하게 탄압하는 채찍과 같다가 때로는 어느 정도의 자유를 허용해 주는 당근과 같은 것이었다. 하지만 그것은 자유민주주의 사회에서 누리는 종교의 자유의 대척점에 서 있는 것이었다.

특별히 공산당의 종교정책이 구체적으로 드러난 법들이 가장 중요한 것들을 시사한다. 소련공산당은 1918년, 헌법에 '종교와 반종교에 대한 선전의 자유'를 허용하였다. 이 시기에는 헌법상 교회의 전도와 봉사, 기독교 교육이 허용되었다. 종교를 선전할 자유와 종교를 반대하는 선전을 할 자유가 모두 있었기 때문에 헌법상, 형식적으로 교회가 전도와 봉사와 교육을 할 수 있었다.

그런데 1929년에 종교와 관련된 법률이 제정되었는데, 그 법률에서는 헌법상 '종교의 자유'가 '신앙의 자유와 종교를 반대하는 선전의 자유'로 축소되었다. 헌법상 종교를 선전할 자유는 삭제되었고 이제 법률상 신앙의 자유만으로 축소되었다. 전에는 헌법상으로는 전도와 봉사, 기독교 교육이 가능했지만, 이제는 불가능하게 되었다. 헌법의 명문 규정과 개별 법률이 모순되더라도 소련공산당은 법률을 우선하여 적용하였다. 요컨대, 소련공산당은 일관되게 러시아 정교회를 비롯한 모든 종교에 적대적이었고 그들의 정책은 종교를 궁극적으로 말살하는 것이었다.

소련의 종교정책은 대체로 다섯 시기로 구분할 수 있다. 먼저, 1917년에서 1925년까지 전대미문의 공산당의 교회 탄압에 대하여 교회가 소극적인 저항을 하던 시기, 두 번째로 1925년에서 1943년까지 세르기우스 총대주교로 대표되는 공산당의 꼭두각시들이 교회를 공산당에 철저히 복종시킨 시기, 세 번째로 1943년에서 1959년까지, 스탈린이 교회에 어느 정도의 자유를 허락한 시기, 네 번째로 1959년에서 1964년까지의 기간으로 스탈린 사후, 후르시초프가 기독교에 대하여 대대적으로 탄압하던 시기, 다섯 번째로 1964년에서 1988년까지 교회 내에서 반체제 운동이 일어나면서 교회가 새로운 형태의 탄압을 받던 시기로 나눌 수 있다.

공산당의 교회 탄압과 교회의 저항, 그리고 순응

러시아가 공산화되자마자 공산당은 장기적으로 교회와 종교를 말살하기 위한 헌법적인 토대를 마련하고 하위법률들을 제정하기 시작하였다. 소련공산당은 이러한 법들을 통하여 형식적으로 종교와 신앙의 자유를 인정하지만, 반종교 선전의 자유를 앞세우며 종교와 교회 말살의 근거를 만들었다.

1918년 러시아 정교회의 수장이었던 모스크바 총대주교인 '티콘'(Тихон Московский, 1865~1925)은 교회에 숨어든 공산당 세포들을 출교시켰고 공산당이 러시아 황제를 살해한 것에 대하여 비난하였지만, 공산당에 맞서 싸우던 백군을 지지하지는 않았다. 티콘은 교회를 보호하기 위하여 최선을 다했지만, 공산당에 적극적으로 저항하지는 않았다. 그러는 사이 혁명에 성공한 소련공산당은 1922년에서 1923년까지 티콘 총대주교를 감옥에 가두었고 감옥에서 티콘을 굴복시켰다.

티콘이 없는 사이에 공산당은 러시아 정교회 지도권을 '갱신자들'(the Renewed), 혹은 '생명의 교회'(the Living Church)라 불리는 좌파 사제들에게 넘겼다. 이들은 공산당에 철저하게 협력하는 좌파 사제들로서 '사제의 결혼을 허락하는 것'을 포함하는 '교회 개혁 프로그램'을 내세우며 공산당의 정책에 철저하게 협력하는 자들이었다. 그러나 이들의 교회 접수와 개혁 프로그램은 모두 실패했고 1926년 이후에는, 공산당마저 이들의 활동에 관심을 가지지 않았다.

이 박해의 시기에 수많은 교회가 문을 닫았고 수많은 러시아 정교회 감독들과 사제들과 평신도들이 투옥되고 보호소로 보내졌다. 헤아릴 수 없는 신자들이 살해되었고 실종되었다. 모든 기독교 학교가 폐쇄되었고 학교에 있던 교회 재산은 몰수되었으며 학교에서는 전투적인 무신론 교육이 이루어졌다. 신학교도 거의 폐쇄되었고 병원이나 교육기관에서 종교활동은 금지되었다.

이제 교회에서는 교회학교를 열 수 없었고 청년조직과 같은 어떠한 단체도 만들 수가 없었다. 설교는 공산당 정보기관에 의해 검열받았다. 또한 기독교 출판이 금지되어 기독교 서적이나 성경을 구하기가 상당히 힘들게 되었다. 한편으로 공산당은 '전투적인 무신론 연맹'을 조직하여 성경과 교회를 공격하고 청소년들에게 무신론을 활발하게 선전하고 교육하였다.

그나마 나름대로 공산당에 저항하던 티콘 총대주교는 감옥에서 나온 후로 공산당에 순응하는 자세로 일관하다가 의문의 죽임을 당하였다. 그는 감옥에 나와서 러시아 정교회는 비정치적이라고 하면서 "적군과 백군의 교회가 아니라 하나의 우주적, 사도적 교회"라고 주장하였다. 이렇게 그는 일체의 정치적 발언을 삼가면서 공산당의 교회 탄압, 교회의 공산화 전략에 침묵하였다.

1925년 3월 25일, 총대주교 티콘이 갑자기 사망하면서 러시아 정교회 지도력이 흔들리기 시작했다. 티콘은 죽기 직전에 3명의 총대주교 후보 3명을 지명했는데, 그중에 생명의 교회에 속했던 '세르기우스'(Ivan Nikolayevich Stragorodsky, 1867.1.23.~1944.5.15.)가 실질적으로 러시아 정교회를 지도하게 되었다. 세르기우스는 처음에 공산당이 교회에 적극적으로 간섭하는 것을 반대하며 정교분리를 주장하였다. 세르기우스는 공산당이 교회 신자들의 정치적 성향을 감시하라고 강요하는 것을 반대하였다. 그러나 세르기우스가 1926년과 1927년 사이에 약 4개월간 감옥에 있는 동안 입장이 180도 달라졌다. 정교분리의 원칙을 주장하던 세르게이는 이제 적극적으로 공산당 정책을 따르기로 했다. 그는 "정교회 교인은 소련이 조국이기 때문에 소련공산당과 운명을 같이 해야 한다."라고 주장했다.

또한 세르기우스는 해외에 나가 있는 성직자들에게 조국, 소련에 명시적으로 충성하라고 요구했다. 세르기우스는 그야말로 적그리스도, 혹은 벨리알로 부를 수 있는 공산당에 타협했다. 이러한 세르기우스의 공산당에 대한 굴종으로 말미암아 수많은 대주교와 성직자들이 세르기우스가 소속했던 좌파 기독교 단체인 '생명의 교회'를 상기시키며 세르기우스를 성토하였다.

세르기우스 정책에 반대하던 일부 그룹들은 지하에서 카타콤 교회를 조직하였다. 반면에 황당한 논리로 세르기우스를 변호하는 그룹들이 있었는데, 그들은 세르기우스가 교회를 구하기 위해 거짓말이라는 순교를 당하였다고 주장하였다. 간단히 말해, 세르기우스가 교회를 지키기 위해 '거짓말이라는 순교'를 감당했다는 것이다.

그러나 거짓말이라는 순교는 언어도단이며 교회를 말살하려고 하는 공산당에 복종하는 것을 교회를 지킨다는 것으로 미화하는 것도 어불성설이라고 평가할 수 있다. 더욱이 공산당은 세르기우스가 정교회를 지도하는 시기에 더욱더 교회를 탄압하여 교회를 해체하고 성직자들을 제거하였다.

공산당을 위해 싸우고 약간의 자유를 얻다

1941년 독일이 러시아를 침략하자, 세르기우스는 정교회 교인들에게 "침략자에 맞서 조국, 소련을 수호해 달라" 하고 호소했다. 그런데 역설적으로 독일군이 점령한 지역에 종교와 신앙의 자유가 회복됨에 따라 부흥이 일어났다. 특히 우크라이나와 벨라루스 지방에 있는 교회들이 불길처럼 부흥했다. 이것을 본 스탈린은 전쟁에 이기기 위해서 러시아 정교회와 종교인들의 도움이 절실한 것을 깨닫고 종교의 자유를 상당하게 허용하기 시작했다.

이러한 스탈린의 정책에, 러시아 정교회는 보조를 맞추면서 소련군과 소련공산당을 적극적으로 지지하였다. 소련공산당을 지지한 대가로 세르기우스는 1943년 모스크바 총대주교로 선출되었으나 그 다음 해에 죽었고 1945년 그의 후임으로 알렉시스가 총대주교로 선출되었다.

전쟁이 끝나고 러시아 정교회는 상당히 재건되었다. 1947년까지 20,000개의 성당이 재건되었고 67개의 수도원과 8개의 신학대학원이 세워졌다. 그러나 종교의 자유는 이 정도 선에서 제한되었다. 봉사나 전도, 기독교 교육은 허용되지 않았고 비밀경찰들은 교회를 계속 감시하였다. 일관되게 수행되던 공산당의 무신론적인 공격에 대하여 교회는 변증할 수 없었다. 공산당은 정교회가 공산당에 충성하고 공산당을 비판하지 말 것을 요구하며 종교활동의 자유를 제한하였다. 또한 종교를 탄압하는 근거를 마련한 헌법과 법률 조항을 전혀 삭제하지 않았다.

후르시초프의 교회 탄압

스탈린이 죽고 나서 6년이 지난 뒤, 후르시초프가 공산당을 장악했다. 그가 공산당을 지도한 1959년부터 1964년까지 러시아 정교회는 새로운 시련의 시기를 견뎌야 했다. 그때 수많은 주교와 사제들이 고문당하고 감옥에 갇혔다. 수많은 성당이 폐쇄되어 그 수가 7천 개로 줄어들었다. 또 신학대학원은 3개로, 수도원은 21개로 줄어들었다. 청년들의 활동은 심하게 억압당했고 자녀들과 함께하는 성만찬 예배도 금지되었다.

문제는 교회에 대한 공산당의 탄압이 외부에 전혀 알려지지 않았다는 것이다. 그 이유는 교회 지도자들이 공산당에 저항하지 않고 외부에 침묵으로 일관했기 때문이었다. 정교회 지도자들은 WCC나

'프라하 평화연맹'에 참여할 때, 발언 기회가 있어도 국가와 교회의 관계가 정상인 것처럼 행동했다.

무늬만 교회였던 시기, 1964~1988

이 시기에도 공산당은 KGB나 여러 기관을 동원하여 교회를 감시하고 통제하며 탄압했다. 그러나 교회의 지도자들은 전혀 저항하지 않고 허용된 범위 안에서만 활동했다. 이 시기에 주목할 것은 교회 내부에서, 그리고 아래에서 공산당에 반대하는 반체제 운동이 일어났다는 것이다. 특히 지식인 계층에서 논문의 형태로 공산당에 대한 저항이 불붙기 시작했다. '크라스노프-레비틴'(1915~1991)은 그의 논문을 통하여 공산당의 탄압과 신자들의 고난을 폭로했다.

1965년에는 니콜라스 에슐리만과 '그레브 야쿠닌'(Глеб Павлович Якунин, 1936~2014)이라는 사제는 당시 총대주교인 알렉시스가 공산당에 타협하는 것을 비난했다. 그들은 공산당이 교회를 탄압하는 실상들을 자세하게 보고하면서 공산당에 저항하지 않고 오히려 공산당에 협력하고 타협하는 지도부를 엄중하게 질타했다. 이러한 비판에 대하여 교회 당국은 두 사제의 사제직을 박탈하였다. 그러나 교회 당국과 공산당의 탄압에 대한 저항은 절대로 수그러들지 않았고 오히려 거세어졌다.

이러한 저항에 감명받은 소설가, 솔제니친이 1972년, 총대주교 '피

멘'(Pimen, 1910~1990)에게 「사순절 편지」를 썼다. 솔제니친은 교회의 현재 상태가 비극적이라고 하면서 공산당, 무신론자들이 교회를 파괴하는 것에 찬성하는 것이 교회를 보호한다는 교회 당국자들의 허위와 거짓을 폭로하였다. 1976년에 인권침해를 다루는 헬싱키 조사단의 협력 속에서 '신자의 권리보호를 위한 기독교 위원회'가 세워져 조직적으로 저항을 시작하게 되었다. 또한 신학대학원에서 여러 형태로 저항운동 단체들이 조직되어 공산당에 저항했다.

이에 맞서 공산당은 더욱더 강력하게 교회의 반체제 운동을 탄압했다. 교회 지도자들은 침묵을 강요당했다. 일부는 집단농장에 보내지거나 추방당했고 수많은 신자가 KGB에 감시당하고 일거수일투족을 통제당했다. 그런데도, 이러한 저항이 10년 이상 지속되었고 갑자기 소련공산당이 무너졌다.

2. 동독 교회의 공산화

나치 독일이 제2차 세계대전에서 패망하자 소련군이 동독지역을 점령하면서 임시정부를 수립하였다. 소련은 동독지역에, 소위 괴뢰정부(소련에 조종되는 꼭두각시 정부)를 설치하였다. 그와 동시에 히틀러가 금지하였던 좌파 정당인 독일 공산당을 비롯한 '기독교민주연합'(우익 정당)과 같은 수많은 정당이 만들어졌다.

이런 상황에, 1946년 지방선거에서 '사회주의통일당'이 승리를 거두었다. 선거에서 승리한 사회주의통일당은 1949년에 제헌의회를 소집하여 헌법을 만들고 '독일민주공화국' 즉 '동독'을 세웠다. 이후 몇 년 동안 동독은 신속하게 사회주의통일당 일당독재 국가가 되었다. 동독 공산당은 처음에는 교회의 재산이나 교회를 핍박하지 않았다. 그러나 1949년부터 1961년까지 동독 공산당은 기독교와 교회를 현저하게 탄압했다.

먼저 탄압의 시대인 1952년에서 60년대까지를 살펴보자. 1952년 '동독 공산당 2차 당대회'를 기점으로 동독 공산당은 기독교와 교회를 탄압하기 시작했다. 동독 공산당은 2차 당대회에서 "사회주의 건설과 계급 투쟁의 강화"라는 슬로건을 내걸고 기독교와 교회를 공격했다. 예를 들어, 동독의 첩보기관인 슈타지가 기독교 민주 연합과 같은 기독교 관련 단체를 비롯하여 교회에 대하여 포괄적으로 감시하였다.

또한 동독 정부는 무신론자들을 후원하면서 교회의 힘을 상대적으로 약화시켰다. 헌법에 '종교와 양심의 자유'가 있었지만 없는 것과 다름없었다. 간단히 말해서 종교의 자유와 양심의 자유는 실제로 존재하지 않았으며, 동독 공산당은 온갖 방법으로 종교의 행사를 방해하였다.

더욱이 동독 공산당은 청소년들을 공산주의자로 만들기 위해서 '해방 독일 청소년 동맹'(FDJ, Freie Deutsche Jugend)라는 프로그램을 강제적으로 실시하였다. 처음에 동독 교회는 청소년들이 공산주의 의식화 프로그램인 '유겐트바이헤'(Jugendweihe, 청소년 예전)에 입소하는 것을 거부하였다. 동독 정부와 공산당은 물러서지 않고 이 프로그램을 강제적으로 실행하였다. 말하자면 이 프로그램은 중국에서 문화혁명 때 있었던 홍위병과 같은 조직을 만드는 프로그램이었다.

두 번째로 동독 교회는 공산당의 이러한 탄압에 대하여 소극적인 저항을 하거나 교회 공산화에 철저하게 순응했다. 동독 교회는 원래 동독 교회와 하나였던 서독 교회가 서독 군대에 군목을 파견하는 것을 반대하면서, 전 독일 개신교 연합 단체인 'EKD'(Evangelische Kirche in Deutschland)를 탈퇴했다. 그것은 동독 교회가 이념과 정치에 개입하지 않겠다는 것을 표명하는 것이었다. 그런데 1960년대가 되자 동독 교회는 사회적인 영향력이 현저하게 축소되었다.

그러자 동독 교회는 이전에 서독 교회가 군목을 파견하는 것을 반대하면서 EKD를 탈퇴하였던 명분(정치에 개입하지 않는다는 것)과 반대로 현실 정치에 적응하고 개입하는 행동을 하기 시작했다. 그러한 행동의 중심에 있는 것이 바로 양심적 병역거부자들을 지지하고 옹호하는 것이었다. 그때부터 동독 교회는 양심적 병역거부자들을 도와주는 단체가 되었다.

동독 교회가 서독 교회와 분리하여 '동독 기독교연맹', 즉 'BEK'(Bund der Evangelischen Kirchen)를 만들면서 목사들의 위상이 어느 정도 강화되었고 오직 동독 교회에 집중하게 되었다. 당연히 동독 교회는 서독 교회와의 통일에 관심이 없어졌다. 이제 동독 교회 목사들의 제1의 궁극적인 관심은 자신의 교구와 동독이라는 나라가 되었다.

세 번째로 '쇤헤르'(Albrecht Schönherr, 1911~2009) 감독의 'Modus Vivendi'(中道的 생존 방식), '기독교 현실주의'가 동독 교회의 전반적이고 일관된 노선이었다. 1969년부터 동독의 개신교를 이끌었던 쇤헤르 감독은 전형적인 기독교 정치 목사였다. 그는 좌도 아니고 우도 아닌 중도적인 입장인 '모두스 비벤디'라는 생존 방식으로 동독 교회를 이끌었다.

쇤헤르는 "사회주의를 반대하지도 않고 또 함께하지도 않는다."라는 고리타분하고 진부한 기회주의적인 태도로 동독 교회를 동독 공산주의 사회에 적응하고 생존하도록 인도했다. 그는 교회의 생존을 위해서 공산주의를 반대하지 않았고 또 찬성하지도 않았다고 주장했다. 하지만 그것은 교회가 공산화되었다는 말과 다르지 않다. 왜냐하면 사회주의와 기독교는 함께할 수 없기 때문이다.

벨리알과 하나님은 함께할 수 없다. 사실 쇤헤르 감독은 생존을 위해서 기회주의적 처신을 했을 뿐이다. 그가 자기의 기회주의를 포장하기 위해서 만든 말이 있는데, 그것이 '사회주의 안의 교회'(the Church in Socialism)이다. 이것은 사탄 안에 있는 예수그리스도라는 말과 같다. 그런 것은 있을 수 없다.

오히려 메르켈의 아버지 카스너와 같은 사람이 솔직하다고 평가할 수 있다. 그는 예수님이 사회주의를 원하셨고, 교회는 사회주의를 실천해야 한다고 주장했기 때문이다. 예수님이 그런 용어를 사용한 적도 없고 그런 내용으로 말씀하신 적이 없으므로 그 말은 물론 거짓말이었다. 그래도 카스너는 자신의 신학과 사상을 솔직하게 표현하였고 '사회주의 안의 교회'와 같은 헛된 말로 자신의 사상을 숨기지는 않았다.

네 번째로 동독의 국제적 통일전선 전술은 더욱더 발전했고 교묘해졌다. '호네커'(Erich Honecker, 1912~1994)가 동독의 총리가 되고 나서 서독과의 관계가 많이 변했다. 서독은 처음부터 하나의 독일을 지향하며 통일 독일을 원했다. 반면에 동독은 독립된 하나의 국가로 인정받기를 원했다. 그래서 당시 메르켈의 아버지 카스너도 동독 정부의 입장대로 서독을 미워하면서 통일을 원하지 않았다.

하지만 1975년 헬싱키 협정을 체결하면서 동서 냉전이 열어지고 동독과 서독도 관계가 좋아졌다. 동독 공산당은 교회가 사회주의를 수용하도록 압박을 가하였고, 교회는 이에 호응하여 문화적인 금기를 없애면서 사회주의를 수용했다. 이를테면 교회가 사회주의 정책과 문화를 반대하지 않고 수용했다는 것이다. 이런 과정에서 교회는 유치원 양로원, 고아원을 운영할 수 있게 되었다. 교회가 사회주의를 받아들이면서 고아원, 양로원을 운영할 수 있는 이권을 얻게 되었다.

물론 그것은 동독 공산당에게도 상당한 이권이 되었다. 동독과 서독의 교류가 활발해지면서 서독 교회의 헌금이 동독 교회로 흘러들어 갔다. 서독 기독교와 교회의 헌금을 빨아들이는 곳이 동독의 교회였고, 이 헌금은 다시 동독 공산당으로 들어갔다. 이것은 대한민국의 교회와 정부에서 북한에 지원한 현금이 북한 공산당에 들어갔던 것과 아주 유사했다. 간단히 말해 동독 교회는 동독 공산당이 서독과 서독 교회의 현금을 뽑아내는 빨대가 되었다.

다섯 번째로 동독 교회는 공산당의 인정을 받고 공산당 장기 독재에 부역하였다. 동독 공산당과 동독 교회는 1978년 통일전선 전술 방식의 협정을 체결했다. 이 협정으로 동독 공산당 정부는 동독의 교회를 공식적으로 인정해 주는 대신에 동독 교회는 공산당의 손과 발이 되어 공산당 독재를 계속 유지하는 데 도움을 주게 되었다고 평가할 수 있다. 당시에 동독은 세계적인 석유 파동과 헬싱키 협정으로 국민의 민주화 요구가 상당했다. 동독 국민의 이런 민주화 요구에 맞서서 동독 교회는 동독 공산당을 대신하여 국민의 민주화 요구를 잠재우는 데 상당한 역할을 했었다.

가령 교회 목사들은 정치적 반대자들을 통제해야만 했고 국민의 정치적인 불만과 불평을 교회 안에서 해소해야만 했었다. 간단히 말해서 교회의 목사들은 공산당의 장기 독재를 위해서 교회를 국민의 불만과 불평을 해소하는 장소로 만들었다. 이것이 1978년 동독 교회와 동독 국가가 맺은 협정의 실체였다. 그러나 결국 공산당과 동독 교회는 역풍을 맞았다. 그것은 교회 안에서만 활동한 정치적 반대자들의 모임과 토론회가 결국 동독 민주화의 기반이 되었기 때문이다.

마지막으로 주목할 사실은 동독의 비밀경찰 슈타지가 일부 목사들을 서독이나 국제기구에 파견하여 간첩으로 활용하였다는 것이다. 동독 비밀경찰인 슈타지의 문서가 비밀 해제가 되면서 동독의 목사와 기독교 지도자들 상당수가 슈타지와 연루되었다는 것이 밝혀졌다. 예를 들면 브란덴부르크 총리를 지냈고, WCC 국제관계위원회였던 '만프레드 슈톨페'(Manfred Stolpe, 1936~2019)는 슈타지 비밀경찰을 천 번이나 만나서 공작 활동을 했다. 그런데 아이러니한 것은 교회를 공공연하게 공산화한 대부분의 목사는 슈타지와 관계가 없었다. 그들은 공공연하게 활동했기 때문에 당연히 비밀 활동을 할 이유가 없었기 때문이다.

결론적으로 동독 교회에 공산화는 이렇게 요약할 수 있다. 카스너나 쇤헤르 주교와 같은 소수의 목사는 공공연하게 동독 교회를 대표하면서 동독 교회의 공산화에 앞장섰다. 또 다른 소수의 목사는 동독의 비밀경찰들과 협력하여 동독 교회 공산화에 은밀하게 협조하고 부역했다. 공공연하게 앞장섰든, 은밀하게 부역하였든 간에 그들 동독 목사들은 동독 교회 공산화의 주역이었고, 동독 교회 파괴의 주범들이었다.

기독교 사회주의라는 사탄의 속임수에 빠져서 공공연하게 활동했든지, 자신의 이익과 영화를 위해서 비밀스럽게 비밀경찰의 하수인이 되었든지 간에 그런 목사들과 기독교 지도자들은 하나님과 교회를 대적한 인물들로 역사에 기록되었다.

3. 중국 교회의 공산화

중국 교회는 밖으로부터의 탄압과 안으로부터의 적극적인 공산화 물결에 편승하는 흐름이 있었기에 교회의 공산화가 성공할 수 있었다.

1949년 중국 공산당이 중국을 통일하였다. 그때 중국 공산당은 공산당답게 교회를 탄압하였다. 그런데 그러한 탄압만으로는 교회는 무너지지 않았다. 교회 내부가 무너져야 교회가 붕괴하기 때문이다. 교회가 붕괴할 때 교회 내부에서 교회를 붕괴시킨 트로이 목마들이 항상 등장하였다. 중국 교회 역사에서 중국 교회를 붕괴시킨 자들이 3자 교회 운동을 주도한 좌파 목사였던 '우야오종'(吳耀宗, 1893~1979) 같은 사람들이었다.

그러면 3자 교회의 기원부터 살펴보자. 1920~1930년대에 중국 교회에는 반기독교 운동이 활발하게 일어났다. 그 반기독교 운동은 학생들과 지식인들이 주도하였다. 그들은 기독교를 제국주의 앞잡이라고 공격하였다. 이때부터 수많은 중국 교회들이 서구 기독교로부터 독립하자는 운동을 벌였다. 그것이 '기독교 자립화 운동'이었다. 이러한 기독교 자립운동을 대표하는 것이 '자립교회 운동'과 '본색화 운동'이었다. 보통 그 자립화 운동을 '3자 운동'이라고 불렀다.

이 자립화 운동을 주도한 사람들은 '왕명도'(王明道, 1900~1991), '송상절'(宋尙節, 1901~1944), 그리고 '워치만 니'(倪柝声, 1903~1972) 등이었다. '가정교회'를 세웠다고 하는 왕명도, '베들레헴 전도단'과 '영공단'을 이끌었던 송상절, 그리고 '지방교회'를 세웠던 워치만 니와 같은 사람들이 자립화 운동을 주도하였다. 이러한 자립화 운동을 이끈 신학이 있었는데, 그것이 '자립화 신학'이었다. 이것은 다른 말로, '본색화 신학'이었다.

이렇게 중국 교회의 자립화 운동이 일어났는데, 1949년 중국이 공산화되자마자 우야오종을 중심으로 해서 '반제국주의', '교회 혁신',

그리고 '애국'이라는 이름으로 '3자 교회' 운동이 일어났다. 특별히 '우야오종', '차오츠천'(趙紫辰, 1888~1979)은 자유주의 신학, 사회복음 신학을 했던 사람들인데, 이들은 강경한 자유주의 신학, 사회복음 신학을 바탕으로 하여 공산당 치하에서의 3자 운동을 벌이게 된다.

보통 사회복음 신학이라는 것은 복음으로 사회와 국가를 개혁해야 한다는 신학인데, 이 3자 교회 운동은 '6·25 사변'(중국 공산당표현을 빌리면 '항미원조 전쟁')을 계기로 강력한 반제국주의 노선을 견지하게 되었다. 한마디로 이 3자 교회 운동은 '반미애국주의 정치운동'이며 '반미애국주의 정치신학'이었다.

1949년, 중국 공산당이 공산혁명을 성공시키고 '중앙인민정치협상회의'를 개최하고 정치 강령과 정부조직법을 통과시켰다. 간단히 말해서 중국 공산당이 헌법을 만들고 통과시켰을 때, 우리나라 국회 격인 '정치협상회의'에 종교인들도 참여하였는데, 불교인 2명, 이슬람교인 2명, 개신교인 5명이 참가하였다. 특별히 이 회의에 참석한 개신교 목사나 지도자들은 토착화 신학을 주장하는 우야오종, 차오츠천 같은 사람들이었다.

기독교를 대표한다고 한 우야오종 같은 사람들은 선거를 통해서 선출된 사람들이 아니었다. 그들은 중국 공산당이 지명한 사람들이었다. 우야오종과 같이 공산당 앞잡이가 된 목사들은 공산당이 만든 결의안을 가지고 전국에 있는 기독교 단체와 교회들을 방문하였다. 이렇게 3자 운동에 앞장선 우야오종 일당들이 '저우언라이'(周恩來, 1898~1976)를 만났다. 그리고 나서 이들은 저우언라이의 지침대로 기독교와 교회를 변질시키기 시작했다.

그때, 저우언라이는 첫 번째로 기독교가 반제국주의 운동을 일으켜야 하고, 두 번째로 노상 전도는 금지해야 하며, 세 번째로 자주, 자력갱생, 자치, 자양, 자전의 깃발 아래, 교회를 세워야 한다고 주장했다. 이런 말을 들은 중국의 3자 교회 운동 지도자들은 '신중국 건설 과정에서 중국 기독교가 노력해야 할 길'이라는 3자 선언을 작성하였다. 이 3자 선언은 세 번의 수정을 거쳐서 1950년 7월에 선포되었다.

그렇지만 짜우테넌과 짱완판 같은 기독교 지도자들이 이 선언을 인정하지 않았다. 자립교회를 위시하여 꽤 많은 교회가 반대했고, '협진회'라고 하는 기독교 단체도 이 선언문에 반대하여 우야오종이 돌리는 서명란에 서명하지 않았다.

그러나 이러한 저항 세력은 아주 미미했다. 결국 이러한 서명 반대 운동은 실패하고 말았다. 중국 공산당은 3자 선언을 인민일보에 대대적으로 보도하였고, 또한 3자 선언문에 서명한 1,500명의 명단을 그대로 보도하였다. 3자 선언문의 내용은 이렇게 요약할 수 있다.

먼저, 기독교 내부의 제국주의 요소를 일소하고 중국 공산주의 건설에 이바지할 것, 두 번째로 중국 교회의 자립과 자력갱생을 위해서 외국인들과 외국인의 후원을 계속 줄여 나갈 것이라는 내용이었다. 결론적으로, 여기서 중국 교회의 '3자 선언'은 1920~1930년대, '자치, 자양, 자전'의 3자가 아니라 '반제국주의 운동, 교회 혁신 운동, 애국 운동'이라는 3자 운동을 말하는 것이었다.

이렇게 하여 1954년에 우야오종은 '3자 혁신 운동'을 '3자 애국 운동'이라는 이름으로 바꾸고 139명으로 '3자 위원회'를 구성하고 자신은 '3자 위원회'의 위원장이 되었다. 이때부터 이 이 단체에 가입한 교회들을 '3자 교회'라고 불렀다. 그렇다면 3자 교회들이 어떤 활동을 하였는가 살펴보자.

첫 번째로 3자 교회는 '공소 활동'을 했다. 이 공소 활동이라는 것은 기독교인들 가운데 제국주의자들을 고발하는 운동이었다. 그래서 누구든지 제국주의자라고 생각하면 '공소회'를 열고 제국주의자들을 고발하는 연설을 하였다. 말하자면 이것은 기독교식 문화혁명이라고 볼 수 있다. 이 공소운동은 1951년부터 1953년까지 133개 도시에서 227회나 진행되었다.

이 운동에 고발당한 사람들은 목사나 전도자들이었고, 혹은 '협진회'나 '성공회' 같은 기독교 조직이나 단체였다. 고발된 단체들과 사람들은 3자 애국 운동에 반대하거나 공산당에 반대하는 사람들이었다. 이들에 대한 죄목은 교회 변절자, 미국 스파이였다. 심지어 이들은 영혼 구원만을 권장하거나 장제스를 도왔다는 죄목으로 고발당하기도 했다.

두 번째로 3자 교회 운동은 '반제국주의 애국 운동'이라는 이름으로 진행되었다. 6·25 사변 때문에 중국 공산당은 미국을 미제국주의라고 하면서 미국과의 관계를 적극적으로 청산하는 운동을 벌였다. 특별히 중국 교회는 미국을 반대하고 북한을 돕자는 운동을 벌이는 차원에서 '기독교 3자 혁신호'라는 비행기를 위하여 헌금 운동을 벌였다.

세 번째로 3자 교회는 '정치 학습'을 강요했다. 중국 공산당이 지도하는 3자 교회는 교회 신자들에게 마르크스와 모택동 이론을 학습하도록 강요하고, 또 교회 안에서 스스로를 비판하는 자아비판과 동료를 비판하는 '동료비판'이라는 정풍 운동을 전개하였다.

네 번째로 3자 교회는 신학 교육을 통폐합하여 중국의 모든 신학 교육을 장악하였다. 중국 공산당이 집권할 때 전국에 있던 50여 개의 신학원이 통폐합되었다. 중국 공산당은 신학원을 모두 통폐합하여 '난징 신학원'과 '옌징 협화신학원'으로 통폐합하였다. 이렇게 하여 신학교는 두 개만 남게 되었다. 그런데 이 두 신학교에서조차 반드시 정치 학습 과정을 개설해야 했다. 따라서 중국의 모든 신학교는 중국 공산당의 통치하에 들어가게 되었다. 이러한 3자 교회와 공산당의 교회 탄압 운동에 맞서서 자립교회들은 저항하였다.

구체적으로, 워치만 니라고 알려진 소군교회의 '니퉈성'과 가정교회를 창시한 '왕밍따오', 예수-가정교회의 창시자 '징디아닝'(敬奠瀛, 1890~1957) 등이 3자 교회 탄압에 저항하였다. 이들은 보통 '성령파'라고 불렸는데, 이들은 우야오종을 자유주의파, 혹은 불신자라고 간주하면서 3자 교회와의 연합을 거절하고 3자 교회에 가입하지 않았다. 이에 대하여 중국 공산당은 1955년, 왕밍따오를 반혁명분자로 체포하였고, 1956년에 니퉈성을 똑같은 죄목으로 체포하였다. 동시에 워치만 니의 소군교회를 해체하였다. 요컨대, 중국 공산당은 소군교회라든지 지방교회, 가정교회를 반혁명 집단이라고 하면서 모든 자립교회들을 해체하였다.

이러한 중국 교회의 공산화 과정, 혹은 중국 교회의 해체 과정을 통해서 이러저러한 교훈들을 배울 수 있다. 3자 교회 운동이라는 교회 공산화 운동이 일어났을 때 그 운동에 서명하는 사람들이 대다수였다. 서명하지 않으면 반드시 탄압당했고 감옥에 가거나 죽음을 각오해야 했다. 또한 3자 교회에 가입하지 않아도 탄압을 당하기는 마찬가지였다. 가입하지 않으면 반동이 되고 제국주의에 부역한 부역자가 되어야만 했다. 또한 오랫동안 함께하던 동역자를 고발하는 공소 운동이 일어났을 때 동역자를 고발하지 않으면 인민의 적이 되어야만 했다. 삼자교회가 탄압당할 때, 교회와 신자들의 이러저러한 다양한 반응들은 교회가 공산화될 때 펼쳐지는 다양한 모습을 예고하는 것이라고 말할 수 있다.

4. 베트남의 공산화

다음으로 베트남의 공산화와 기독교의 탄압에 대해서 알아보자. 베트남 전반의 좌경화와 공산당의 확산, 그리고 적색 세포 침투 등 베트남의 공산화 과정은 다음과 같이 전개되었다.

베트남 패망 당시 베트남에는 공산당원 9,500명과 인민혁명당원 4만 명, 즉 전체 인구의 0.5%가 월남 사회를 밑바닥에서부터 흔들고 있었다. 1969년 6월 6일 베트남 민족 해방 전선이 베트남 임시혁명정부로 개편될 당시에 베트남 정부의 각 부처와 베트남군 총사령부에서 이루어지는 극비회의 내용이 단 하루가 지나면 북베트남 공산당에 상세하게 보고될 정도로 티우 정권, 그 당시에 베트남 정권은 상당히 취약했었다. 베트남 공산화 이후, 그 티우 정권의 핵심에 공산당 프락치가 침투해 있었다는 것이 밝혀졌다.

가령, 1967년 대선에서 차점으로 낙선한 '쯔엉딘주'(張廷裕, 1917.11.10.~1991)와 당시 모범적인 도지사로 평판이 자자했던 '녹따오'를 비롯한 많은 정치인 관료들이 모두 공산당 프락치였음이 월남 패망 후에 밝혀졌다. 또한 베트남에서는 군사 쿠데타가 벌어질 때마다 대공 전문가들이 쫓겨나는 일들이 벌어졌다. 한 나라를 망하도록 하는 가장 쉬운 방법은 무엇보다도 그 나라의 정보기관부터 무력화시키는 것인데, 베트남에서 전형적으로 그런 일이 벌어졌다.

'화해'와 '평화'라는 이름의 통일전선 전술

화해와 평화의 분위기가 퍼져 나가자 공산당과 공산당 군대에 대한 경계심도 함께 사라져 버렸다. 이것이 월등히 높은 경제력과 막강한 화력을 갖췄던 월남 군대가 식량 부족으로 고생하던 월맹군에게 허수아비처럼 붕괴하였던 가장 큰 원인이었다.

또한 당시 베트남에서는 시민단체, 종교단체들도 좌익들이 장악했다. 천주교의 '짠후탄' 신부, 그리고 불교의 '뚝지꽝' 승려 등이 모여서 '평화 회복 및 반부패 운동'이라는 단체를 결성하여 활동하고 있었다. 여기에 더하여 420여 개 대학의 총학생회, 시민단체들이 연합하여 일종의 시민연대를 구축하고 반부패 운동에 나섰다. 그러나 문제는 이 순수한 반부패운동 조직에 공산당 프락치들이 대거 침투하였다는 것이다. 프락치들은 이 조직들을 거대한 반정부, 반체제 세력으로 변질시켰다.

남베트남과 북베트남은 1973년 휴전협정을 체결하였다. 그때 미군과 한국군이 철수했다. 한편, 사이공에는 100여 개의 애국단체, 통일운동 단체들이 수십 개의 언론사를 경영하고 있었는데, 문제가 심각한 것은 그 언론사들이 베트남 공산화 공작에 앞장섰다는 것이다. 또한 목사, 승려, 학생, 그리고 좌익 인사들이 한데 뒤섞여서 반전 운동, 인도주의 운동 등 상상할 수 있는 그 모든 운동 단체를 총동원하여 티우 정권 타도를 외치고 반정부 시위를 벌였다. 마침내, 1975년에 베트남은 이들 100여 개의 좌익단체의 선전·선동 전술에 속수무책으로 당하여 공산화되었다.

베트남 패망과 공산당의 탄압

월맹(북베트남)은 1975년 1월 8일 '반띠엔중'(文進勇, 1917~2002) 육군 참모총장을 남침 총사령관으로 임명하여 공산군 18개 사단을 군사분계선인 북위 17도 선을 넘어서, 중부 베트남 지역으로 극비리에 이동시켰다. 그리하여 무방비 상태에 있던 베트남군은 기습공격을 당하여 혼비백산한 상태로 패주하였다. 치명적인 것은 베트남군이 밀림 지역인 반 메뚤을 빼앗겼다는 사실이다.

그런데 '구국 평화 회복 및 반부패 운동'의 지도자였던 짠후탄 신부는 중부 베트남 고원지대에 월맹군은 없다고 하면서 거기서 일어난 사태는 월맹군의 침략이 아니라 반민주 세력과 독재에 항거하는 민중들이 일으킨 봉기라고 주장했다. 짠후탄은 "민중봉기를 공산 침략이라고 매도하는 티우는 사퇴하라!"라고 외쳤다. 당시 짠후탄 신부는 민중들에게 존경받는 종교 지도자였고 민주화운동의 대부라고 불렸다.

마침내 3월 26일, 전략적 요충지인 다낭이 함락되어 중부 베트남 전 지역에 월맹군이 노도처럼 밀려들었고, 베트남군 장성들은 살 길을 찾아 조국을 떠났다. 티우 대통령은 '수안록'이 함락당하자 사임하였고 곧이어 '트란반우홍' 장군이 대통령에 취임하였다. 그런데, 월맹군 부대가 사이공을 향해 파죽지세로 진격하자 트란반후옹 역시 사임하였다. 그리하여 4월 28일, 예비역 대장인 '두옹 반민'이 새 대통령에 취임하였다. 그러자, 결사항전을 외쳤던 '응웬 까오키' 부통령마저 외국으로 망명하기 위해 베트남을 떠났다.

이윽고 사이공을 포위한 월맹군의 대공세가 벌어지는 4월 28일, 공군 조종사들이 반란을 일으켰다. 이런 상황에서, 두옹 반민 대통령은 오전 10시 20분 라디오를 통해 "전 베트남군은 적대 행위를 중지하고 현 위치에서 전투를 중지하라."라고 명령하면서 "베트남인끼리 더 이상의 불필요한 유혈을 방지하고 민족의 화해와 평화를 위해 남베트남군에게 현 위치에서 모든 전투행위를 중지할 것을 요청한다."라는 항복 선언을 발표했다.

거의 모든 군 지휘관들이 도주했는데, 참모본부에 남아 있던 유일한 장성은 '구엔후안' 준장뿐이었다. 그는 오전 10시 30분 라디오

방송을 통해 "전 예하 부대는 무기를 버리고 최초로 접촉하는 북 베트남군에게 항복하라."라는 명령을 내렸다. 놀랍게도, 이후에 '구엔 후안'도 월맹의 첩자라는 사실이 밝혀졌다. 그날, 정오가 조금 지난 12시 45분, 월맹군 병사와 여성 베트콩 게릴라가 국기 게양대에서 베트남 기를 끌어내리고 '임시혁명정부' 기를 게양하였다. 사이공 거리에는 베트콩들이 메가폰을 잡고 "사이공은 해방되었다!"라고 목청껏 외쳤다.

그때, 미국으로의 망명을 거부하고 끝까지 조국을 위해 싸우던 베트남군, 제2군단장인 '판밤푸'(Phạm Văn Phú, 1928~1975) 소장은 대세가 이미 기울어졌다는 것을 알고 자살로 생을 마감했다. 이렇게 하여, 베트남은 완벽하게 멸망하게 되었다.

그때 친북 좌파 시민들은 월맹기를 들고 열렬하게 월맹군을 환영하였다. 그러나 그들이 바라던 공산화가 되자마자 반체제 운동을 벌였던 종교인, 학생 등, 속칭 민주 인사들, 대부분이 월맹군에게 체포되었다. 그들은 '자본주의 사회에서 반정부 활동하던 인간들은 사회주의 사회에서도 똑같은 짓을 할 우려가 있다는 이유'로 즉결 처형을 당하거나 참혹한 감옥살이를 해야 했다. 적화 통일이 된 후 거의 900만 명에 이르는 남베트남 사람들이 제거되었다고 한다.

공산 체제에서 이용할 만한 가치가 있다고 판단된 장교나 엔지니어, 의사, 교사 등 100만 명은 '인간 개조 학습소'에 수감되어 사상 개조 학습을 받았다. 이런 상황에서 베트남 사람들은 뗏목이나 소형 어선을 이용해 목숨 건 탈출을 감행하였다. 특히 '보트피플'이라 불리며 배를 타고 도망친 사람들의 숫자는 106만 명이나 되었다.

이들 중 배가 전복돼 익사하거나 해적에게 살해당하거나 망망대해에서 뙤약볕 아래에서 굶어 죽은 사람이 11만 명이었다. 이렇게 하여, 살아서 해외로 이주한 사람은 95만 명이었다. 보트피플 대부분이 로마-가톨릭교도들을 포함한 기독교인이었는데, 기독교인이 베트남 난민의 75%를 차지하였다.

베트남 공산당과 기독교

베트남이 공산화되기 전까지는 개신교 프로테스탄트는 소수였다. 반면에 로마-가톨릭 천주교인들이 정부 지도층 곳곳에 포진해 있었다. 한편으로 개신교와 개신교 교회들은 베트남 중부에서 활동하고 있었는데, 미군들과 관계된 교회와 신자들이 있었을 뿐이었다.

베트남이 공산화되자 주로 천주교인들이었던, 대략 300만 명의 기독교인들이 죽임을 당하거나 감옥에 수감되어 사상교육 등, 말할 수 없는 탄압과 고통을 당하였다. 또 교회와 신학교 건물은 파괴되었고, 교회의 부동산은 몰수되었다. 1975년 공산화 이후, 베트남 공산당은 모든 종교적 행위를 금지하기 시작했다. 특별히 공산당은 로마-가톨릭에 적대적이었기 때문에, 로마-가톨릭을 포함한 모든 기독교의 종교적 행위를 금지하였다.

그런데, 이런 상황에서 중부 고지대에 있는 소수 민족은 베트남 공산정권에 줄기차게 대항하였다. 이후, 중부 고지대에 있는 소수 민족은 1990년대부터 집단으로 개신교를 받아들였다. 베트남 공산당 정부는 그때부터 지금까지 기독교 신자들을 탄압하고 교회를 파괴하였다. 예를 들어, 베트남 공산당은 1996년에 '닥락'(Dak Lak) 지역에 있는 예배당을 불태웠다. 베트남에 있는 교회들은 주로 가정교회로 모이는데, 어떤 보고에 따르면, 베트남 복음주의 개신교회의 4분의 1이 가정교회이다.

특히 중부 고지대에 있는 '몬타냐'(Montagnard, 산간 주민) 기독교인들은 정치적인 독립을 위해 싸우는 복음주의 기독교인들로 유명하다. 이 사람들은 베트남 공산당 중앙정부와 싸우는 복음주의 신자들로서 '데가'(Montagnard Degar) 기독교인이라고 불린다. 한편으로, 복음주의 기독교와 달리 저지대에서 활동하면서 공산당 정부에 동조하는 개신교 기독교인들도 있다. 공산당에 동조하는 개신교 기독교인들과 목사들은 "베트남 사회주의 공화국은 하나이고 개신교도 하나"라고 주장한다. 그러나 그들은 형제 교인들, 즉 몬타냐 기독교인들의 고통에 대하여는 철저하게 침묵하고 있다.

진행 중인 베트남 공산당의 기독교 탄압 사례

구체적으로 베트남 공산당의 기독교 탄압의 사례는 이렇다. 기독교로 개종을 권유하거나 전도를 하는 사람은 벌금을 물어야 한다. 또 정부에서 식량을 배급할 때 기독교인들은 식량을 배급받지 못한다. 기독교인이 쌀을 얻고 싶으면 신앙을 버려야 한다. 혹은 일가족 모두가 기독교인이면 그 가정으로 들어오는 전기가 끊긴다. 또는 기독교인들이 가정에서 모임을 하지 못하도록 끊임없이 감시한다. 혹은 공산당과 정부 당국이 집집마다 성경과 기독교 서적을 수색하고 압수한다. 더욱이 공산당은 교회를 폐쇄하고 예배당을 파괴하기도 한다.

몇 년 전까지 70명의 목사가 감옥에 갇혀 있었고 수많은 목사가 가택 연금 상태에 있었다. 심각한 것은 북부 몽족 지역에서는 공산당 당국이 교회를 단속하면서 독가스를 살포하여 아이들과 몇몇 사람들을 죽였다는 것이다. 공산당 당국은 그들에게 신앙을 포기하라고 강요하면서 집에 불까지 질렀다.

학교에서 기독교인의 자녀들은 사소한 꼬투리가 잡혀 퇴학당했다. 이렇게 전반적으로 기독교인들은 범죄자나 짐승 취급을 받으며 구타를 당하거나 전기고문을 당하고 죽기도 하였다. 지금 공산화된 베트남이 미국이나 한국과 친하다고, 자유민주주의 체제로 오해하는 사람들이 많다. 그러나 여전히 기독교인들은 짐승 취급을 당하고 있다. 이것이 공산당이 통치하는 세계의 실상이다.

4부
정리하며: 교회의 공산화 과정

공산당이 권력을 잡았던 모든 나라의 기독교와 교회가 어떻게 공산화되었는지 알아보는 것은 공산주의와 유사 공산주의라는 좌익의 물결이 몰아치는 대한민국에서 교회가 대처할 방법을 생각하고 준비하는 데 도움을 줄 것이다. 우리는 지난 문재인 정권에서 자행되었던 '코로나 독재'(2020년 이후 근 2년 반의 기간)를 통하여 교회 탄압의 현실을 똑똑하게 목격하였다. 어쩌면 지난 정권의 코로나 파시즘적인 교회 탄압은 공산당이나 적그리스도에 의한 교회 탄압의 예고편이라고 볼 수도 있다. 따라서 공산당이 통치할 때 교회가 어떻게 공산화되었는지, 왜 공산화가 되었는지 고찰하는 것은 아주 중요하고 사활적인 문제라고 여길 수 있다.

이제부터 지금까지 살펴본 각국 교회의 공산화 과정을 통하여 밝혀진 교회 공산화의 몇 가지 원인을 살펴보자.

1. 공산당의 탄압과 교회의 무지함

공산당은 기독교를 포함한 모든 종교의 말살을 궁극적인 목표로 삼고 있다. 이러한 목표를 가지고 당 강령이나 헌법과 법률에 '종교를 반대하는 선전의 자유'를 명시한다. 공산당은 사회주의 단계에서 민주주의가 필요하다고 하면서 '신앙의 자유'를 인정하지만, '종교 선전의 자유', '전도의 자유'는 인정하지 않는다. 과거 공산화되었던 동구권이나 아시아의 교회는 이러한 공산당의 계획을 전혀 몰랐고 실제로 나라가 공산화되었을 때도 공산당의 계획과 의도에 상당히 무지했다.

공산당 정책에서 가장 중요한 것이 종교를 반대하는 공산당의 선전, 선동의 자유를 무제한 허용하면서 정작 모든 종교 단체에 '전도의 자유'나, '자기 종교를 변증할 자유'를 허용하지 않는다는 사실이다. 공산주의 국가에서는 공산주의와 무신론을 선전, 교육할 자유와 종교를 반대하고 탄압할 자유는 있지만, 전도나 포교, 무신론이나 공산주의에 반대할 자유는 없다.

공산당이 권력을 잡으면, 공산주의를 반대하는 종교 지도자나 성직자들을 구금하거나 추방하거나 살해하였다. 교회나 종교기관들이 폐쇄되었고 수도원이나 성직자를 교육하는 신학대학원 같은 교육기관들도 문을 닫게 되었다. 이런 상황에서 교회를 비롯한 종교 단체들은 공산당에 타협한 어용 종교로 명맥을 유지하든지 지하로 들어가 신앙생활을 할 수밖에 없었다.

공산당은 갈라치기 전략과 분할 통치를 사용했다. 공산주의자들이 가장 잘 사용하는 전술이 상대방을 분열시켜 갈라치기 하면서 적을 제압하고 굴복시키는 것이다. 동방정교회는 여러 개의 독립적인 정교회가 민족 단위별로 나누어져 있다. 예를 들면, 동방정교회로부터 독립된 정교회는 불가리아 정교회, 그리스 정교회, 러시아 정교회 등이 있다. 공산당은 이러한 독립된 정교회들의 알력과 다툼을 이용하여 각국의 정교회들을 공산화하기 시작했다.

소련공산당은 볼셰비키 혁명으로 러시아 혁명을 할 때부터 러시아 정교회에 적대적이었다. 소련공산당은 혁명 이후, 한동안 러시아 정교회를 격렬하게 탄압했다. 그런데 이웃 나라, 우크라이나에서는 다른 일들이 벌어졌다. 우크라이나 공산당은 러시아 정교회의 지배를 받던 우크라이나 정교회를 독립된 정교회로 만들면서 우크라이나 정교회를 자기편으로 만들었다.

이러한 공산당의 조치에 우크라이나 정교회는 우크라이나 공산당에 적극적으로 협조하였다. 다른 한편으로 우크라이나 공산당은 우크라이나 민족주의의 구심이었던 우크라이나 그리스-가톨릭 연합교회는 철저하게 탄압하였다. 1945년에, 연합교회의 신학교 교장, 사제들이 감옥에 수감되거나 수용소로 보내어졌다.

폴란드 공산당은 폴란드의 지배적인 종교인 로마-가톨릭을 해체하기 위해 가톨릭과 국민을 분리하는 전략을 택하였다. 공산당은 이 전략에 따라 바티칸 교황청과 폴란드 가톨릭을 분열시켜 서로 적대시하게 하고 국민에게 가톨릭에 대한 적대감을 유발하는 정책들을 시행하였다. 아울러 이런 것들을 원활하게 수행하기 위하여 가톨릭 지도자들을 교체하고 사제 그룹을 두 개의 적대적인 그룹으로 분열시켰다.

몰도바 공산당도 제2차 세계대전 이후 소련의 유화적인 종교정책에 따라 정교회를 중심으로 종교를 재편하였다. 공산당은 정교회에 상당한 자유를 허락했지만, 공산당에 적대적인 로마-가톨릭과 로마-가톨릭에 관련된 모든 단체를 불법화하고 탄압하였다. 특히 주목할 것은 정교회에 상당한 자유를 주는 대가로 '정교회 사무위원회'에 KGB 요원을 파견하여 정교회를 감시하고 통제하였다는 사실이다.

대한민국 교회에서도 유사한 일이 일어났고 지금도 진행 중이다. 가장 큰 교단인 장로교와 감리교에서 기존의 교회 헤게모니를 가진 집단을 비판하면서 개혁과 갱신, 정의의 이름으로 자신을 포장하면서 세력을 확장하고 있는 좌파 집단이 있다. 이러한 좌파 집단들은 만약 대한민국이 공산화되면 교회의 헤게모니를 확고하게 잡고 교회 공산화에 박차를 가할 것이다. 역사가 이것을 증명하고 있으며 공산당의 전술은 변하지 않았기 때문이다. 가령, 민족주의자에게는 민족주의로, 민주주의자에게는 민주주의자로 변신하여 다가가는 것이 공산주의자의 기본적인 전술이다.

코비드-19, 팬데믹 기간, 한국의 코로나 파시즘 체제에서 교회는 백신 접종자와 미접종자를 차별하면서 예배를 드렸다. 공산당의 분할 통치와 유사하게 당시 교회 대부분은 코로나 파시즘 체제에 굴종하며 그들의 분할 통치 전략에 적극적으로 협조하였다. 코로나 파시즘 체제 하에서 예배를 금지하는 것보다 백신 접종자와 미접종자를 구별하여 차별하는 것이 교회를 통제하는 데 훨씬 수월한 방법이었다.

공산당은 교회와 관련된 단체를 대상으로 통일전선 전술을 사용했다. 공산당은 국제적인 기독교 단체나 이웃에 있는 서방의 비 공산권 국가의 기독교 단체를 이용하여 공산 체제를 선전하거나 공산주의에 우호적인 세력을 만들었다. 아울러 서방에 있는 기독교 단체에서 들어오는 헌금들은 공산당에 흘러들어 갔다.

일례로 소수파였던 루마니아 공산당은 집권을 위하여 다른 정당들과 '민주 연합블록'이라는 통일전선 전술을 사용하여 1946년 총선에서 승리하였다. 더욱이 이 총선에서 공산당을 위시한 민주 연합블록은 갖은 수법을 동원하여 부정선거를 저지르면서 총선에서 승리하였다. 이렇게 집권한 루마니아 공산당은 국제관계 증진을 위하여 루마니아 정교회를 이용하였다. 루마니아 정교회는 공산당의 뜻대로 영국 성공회와 WCC를 통하여 공산주의에 대한 우호적인 분위기를 만드는 데 적극적으로 협조하였다.

체코 정교회도 오랜 기간 소수파였는데, 공산당이 집권하자 공산당은 소련의 방침대로 소수파, 정교회를 지지하고 후원하였다. 다른 한편으로 체코 공산당은 로마-가톨릭과 연결된 체코 그리스-가톨릭 연합교회를 극심하게 탄압하였다. 공산당은 교회가 정치적 발언을 하는 것을 '성직자 파시즘'이라고 낙인찍으면서 교회를 '친공'과 '반공' 그룹으로 분열시켜 통제하고 탄압하였다. 이런 공산당의 교회 정책에 부역한 좌파 사제가 '요세프 플로하르'였다. 그는 '가톨릭 사제 전국위원회'와 '가톨릭 사제 평화운동'이라는 좌파 단체를 이끌면서 체코의 교회를 공산화하는 데 앞장섰다. 요세프 플로하르는 소위, '진보적 가톨릭 운동'의 대명사였다.

공산당은 교회에 대하여 유화적인 정책을 통하여 교회를 공산화했다. 스탈린은 소련이 형성되는 초기에 러시아 정교회를 비롯한 모든 종교에 대하여 극심한 탄압을 자행하였다. 그러다가 독일과 전쟁하면서 수세에 몰리게 되었을 때, 스탈린은 러시아 정교회를 통하여 전 국민에게 애국심을 고취하고 전쟁 물자를 조달할 필요를 느꼈다. 그는 이런 상황에서 러시아 정교회에 상당한 종교적인 자유를 허용하면서 공산당에 대한 러시아 정교회의 지지를 끌어냈다.

2. 좌익 종교 단체의 활동과 공산당에 굴복한 성직자들

공산당이 종교를 탄압할 때, 기존에 공산당에서 활동하던 좌익 성직자들이나 기존 교회에서 좌익 활동을 하던 성직자들이 공산당에 부역하는 종교 단체를 만들었다. 이들은 교회를 개혁하자고 하면서 그 종교의 최고 지도자나 성직자들을 비판하면서 공산당과 발을 맞추어 기존 교회를 파괴하기 시작했다. 이들의 일차적 목표는 그 종교의 헤게모니를 교체하여 공산당의 명령에 복종하는 종교로 만드는 것이었다. 이러한 좌익단체에는 공산당이 파견한 공산당 세포가 조직 내부를 감시하고 통제하며 공산당의 방침을 관철했다.

러시아가 공산화되었을 때, 러시아 정교회 지도자, 티콘은 공산당의 반기독교 정책과 기독교 탄압에 대하여 어느 정도 저항을 했지만, 공산당의 탄압을 겪으면서 저항을 포기하게 되었다. 티콘을 계승한 러시아 정교회 총대주교인 세르기우스는 전형적인 좌파 성직자였다. 그는 원래, 기독교 좌파 단체인 '갱신자들'과 '생명의 교회' 소속이었는데 총대주교가 되자마자 적극적으로 공산당에 협력하면서 러시아 정교회를 급속하게 공산화했다.

중국에서도 좌파 신학자, 자유주의 신학자들이 삼자교회를 만들면서 중국 교회를 공산화했다. '반제국주의', '교회 혁신', '애국'이라는 깃발을 들고 삼자 운동을 하면서 삼자교회를 만든 '우야오종'과 '자오츠천'은 복음으로 세상을 개혁하자는 사회복음 신학을 했던 자들로서 중국 교회를 공산화하는 데 앞장섰다.

그들은 중국 교회에 제국주의 요소를 제거, 공산주의 건설 참여, 외국인 후원 근절 등을 강요하면서 문화혁명을 예고하는 공소 운동을 벌였다. 1951년에서 1953년까지 이어진 공소 운동은 교회에서 벌어진 문화혁명의 예고편이었다. 공소 운동이라는 것은 교회에 침투한 공산주의자들이 교인들 안에 제국주의자들이 있다고 주장하며 혐의 있는 사람들을 색출하여 고발하고 인민재판을 하는 것이었다.

우크라이나에서도 '하브릴 코스텔리크'라는 좌파 성직자가 있었다. 그는 그리스-가톨릭 신학교의 교수로서 소련의 꼭두각시가 되어 우크라이나 정교회와 우크라이나 그리스-가톨릭 연합교회를 공산화하는 데 앞장섰다. 또한 루마니아에서는 부정선거로 집권한 루마니아 공산당을 위하여 교회를 공산화한 '부르두케아'라는 좌파 성직자가 있었다. 그는 루마니아 정교회 사제로서 '루마니아 민주 사제 연합'을 만들어 루마니아 정교회를 공산화하는 데 앞장섰다. 부르두케아는 "때로는 별(공산당)과 함께, 때로는 십자가(정교회)와 함께"라는 말로 자신의 기회주의적인 처신을 합리화시켰다.

다른 한편으로 공산당은 그 종교의 최고 지도자를 탄압하거나 회유하여 공산당 정책에 순응하는 종교로 만들었다. 공산당의 목표나 명령에 복종하는 종교를 만들거나 최소한 공산당의 정책에 반대하지 않는 종교로 만드는 것이 공산당의 종교정책이었다. 공산당 치하에서 생존한 모든 종교조직은 결코 공산당을 반대하거나 공산당에 저항하지 않았다.

비극적인 것은 공산당이 교회를 탄압하는 것을 보면서도 그런 탄압을 해외 인권단체에 고발하거나 그런 탄압에 저항하지 않았다. 더욱 심각한 것은 WCC에 적극적으로 참여한 동방정교회 대표자들이 공산당의 탄압에 대하여 철저하게 함구했다는 사실이다. 이들은 자기 나라의 공산당과 교회의 관계가 정상이거나 평화로운 상태라고 거짓으로 보고하였다. 더욱이 동독 교회에서 'WCC 국제관계위원회'에 파견한 '만프레드 슈톨페'는 동독 공산당의 첩보기관인 슈타지와 함께 WCC에서 공작 활동을 벌였다.

대한민국 교회에 여러 가지 형태로 존재하는 좌파 단체들은 '민주', '개혁', '정의', '민족'이라는 이름으로 자신의 정체성을 숨기며 대한민국 자유민주주의 체제와 기존의 거대교회를 비판하면서 그 교회 안에 침투하여 활동하고 있다. 좌경화된 신학이나 자유주의 신학으로 무장한 성직자뿐만 아니라 공산당이 파견한 공산당 세포들이 좌익 기독교 단체에서 활동할 가능성이 아주 크다. 현재 기독교 봉사단체나 국제적인 기독교 단체에서 공산당 세포나 좌익 활동가들이 활동하고 있을 가능성도 크다. 또한 이들은 거대교회들이 지원하는 교회 외곽단체에서 민주주의, 개혁, 민족주의 깃발 아래 기존의 대형 교회들을 장기간에 걸쳐 조금씩 비판, 공격하고 있다.

대한민국이 공산화되면 이런 좌파 기독교 단체들은 공산당의 노선과 방침대로 기독교와 교회를 공산화하는 첨병 역할을 할 것이다. 이런 단체들은 공산당의 지침대로 교회가 따를 것을 강요하고 중국의 공소 운동처럼 교회의 목사나 교인들에게 인민재판을 실행할 것이다. 이렇게 함으로써 교회를 파괴하고 궁극적으로 지상 교회를 파멸시킬 것이다.

3. 정치적인 성직자들의 기회주의적 처신과 공산당 협력

한 나라나 사회, 그리고 교회는 단순히 탄압이나 강제적인 힘으로 무너지지 않는다. 또한 그런 조직들은 한순간에 쉽게 무너지지도 않는다. 이러한 조직들이 무너지는 것은 치명적인 내부적인 문제나 '트로이 목마'와 같은 간첩 때문이다. 공산화된 나라에서 교회가 공산화된 중요한 원인 중의 하나가 자신들의 지위를 위하여 교회를 버린 정치적인 성직자들의 기회주의적인 처신이다. 이들은 자신들의 지위를 유지하기 위하여 공산당에 기꺼이 협력하였다.

소련 치하의 세르기우스 총대주교는 처음에 '정교분리'를 주장하다가 점차로 공산당에 적극적으로 협조하게 되었다. 그는 해외에 있는 성직자들에게 소련에 충성할 것을 요구하면서 신자들에게는 조국, 소련을 위해 독일군과 싸우자고 선동하였다. 더욱이 후르시초프가 교회를 탄압할 때, 세르기우스와 고위 성직자들은 러시아 정교회가 가입한 WCC나 '프라하 평화연맹'에서 공산당의 교회 탄압을 폭로하지 않았다. 오히려 그들은 소련과 정교회가 정상적인 관계처럼 포장하였다.

동독에서도 세르기우스 같은 정치적인 성직자들이 있었다. 동독 복음주의, 고백교회의 '쉰헤르' 감독은 '중도주의'(Modus Vivendi, 중도적 생존 방식)라는 말로 동독 복음주의 교회를 공산화하는 데 앞장섰다. 그는 '사회주의 안의 교회'(The Church in Socialism)라는 말로 자신의 불의하고 부당한 행동을 합리화했다.

여러 사례에서 확인할 수 있었던 것은 기득권을 가진 고위 성직자들이 자신의 자리를 유지하기 위해 정교분리, 혹은 중도주의를 내세웠다는 사실이다. 대부분의 고위 성직자들은 공산당의 교회 탄압에 대하여 침묵하거나 동조하였다. 공산당 권력이 강하지 않았을 때는 좌도 아니고 우도 아닌 중도적 입장을 취하다가 공산당 권력이 강해졌을 때는 교회를 철저하게 공산당에 종속시켰다. 이런 고위 성직자들은 공산당에 타협한 대가로 기득권을 보장받았다.

또한 그들은 '공산주의 안에 있는 교회'라는 논리적인 모순, 자가당착적인 주장을 하면서 교회를 급속하게 좌경화하였다. 만일 대한민국이 공산화되면 각 교파의 고위직 목사들 상당수가 정교분리라는 다리를 건너 공산주의를 긍정하며 사회주의 속의 교회를 선언하고 중국의 삼자교회 같은 어용교회를 만들 것이다.

가령, 교회에서 무신론 교육이 허용될 것이고 그것은 국민교육이라 호도될 것이다. 또한 그들은 코로나 파시즘 기간에 했던 일을 똑같이 행할 것이다. 말하자면, 코로나-파시즘 체제에서 방역당국의 지침에 철저하게 굴복하여 백신 접종자만 대면 예배를 드리는 것과 같은 일을 똑같이 할 것이다. 또 그들은 공산당원이 교회에 파견되어 교회를 감시하는 것을 허용할 것이다.

4. 생존을 위한 성직자들의 타협과 굴종

공산당이 정권을 잡자마자 공산당은 기독교를 포함한 모든 종교를 소멸할 목적을 가지고 기독교와 교회를 탄압했다. 이런 상황에서 교회는 저항하거나 도망을 가거나 현실에 타협하는 생존, 자체를 도모해야 했다. 그들은 공산당이 통치하는 현실에서 교회 성직자들이 살해되거나 투옥되더라도 침묵해야만 했다. 또한 교인들은 무신론 교육을 받아야만 했고 성직자들의 설교는 검열당했다.

탄압에 저항하던 성직자들은 교묘한 논리로 자신의 변신을 합리화했다. 일례로 소련의 티콘 총대주교는 초기에는 공산당의 탄압에 저항하면서도 공산당에 반대하지 않았다. 그는 정교회를 위해 싸우는 백군도 지지하지 않고 정교회를 탄압하는 적군도 지지하지 않는 어정쩡한 중도적 입장을 취하였다. 티콘은 러시아 정교회가 "적군의 교회도 아니고 백군의 교회도 아닌, 우주적, 사도적 교회"라고 하면서 자신의 기회주의적인 타협을 정당화했다. 지상의 교회가 우주적, 사도적 교회라고 주장하는 것이 거짓교회가 자신을 방어할 때 사용하는 '전가의 보도' 같은 상투적인 주장이라는 것은 교회사에서 자주 관찰되고 있는 역사적 사실이다. 종교개혁 때도 로마-가톨릭은 개혁주의자들을 사도적이고 보편적인 교회라고 하는 가톨릭을 버리고 떠난 분열주의, 이단으로 정죄했다.

마찬가지로 러시아 정교회의 수장이 러시아 정교회를 탄압하는 공산당에 맞서지 않는 것을 변명하기 위하여 자신들을 수호하기 위해 전쟁에 나선 백군들을 지지하지 않고 정교회가 적군의 교회도 아니고 백군의 교회도 아니라고 주장하는 것은 기회주의적 변명일 뿐이었다. 실제로 적군의 교회니, 백군의 교회니 하는 것들은 쓸데없고 허탄한 주장이며, 그렇게 주장하는 교회나 성직자들은 교회사에서 거의 관찰되지 않는다. 이렇게 허수아비를 타격하는 허수아비 논법은 공산당의 현실적인 탄압에 굴복하는 허탄한 수사에 불과할 뿐이었다.

대한민국의 교회나 목사들이 "좌도 아니고 우도 아니라 하나님파, 혹은 예수파"라고 주장하는 것은 공산당의 탄압, 협박, 회유를 피하기 위한 교묘한 변명이 될 것이다. 아니면, 이러한 주장은 행동은 좌파이거나 우파인데, 입으로는 군중들의 눈치를 살피면서 비겁한 거짓말을 한 것이라고 평가할 수 있다. 만일 대한민국이 공산화되면 이런 교회나 목사들은 생존을 핑계로 기꺼이 교회나 신자들을 공산당의 손아귀에 바칠 것이다. 공산당이 교회에서 정치집회를 하거나 무신론 교육을 하더라고 시민교육이나 문화강좌라는 이름으로 기꺼이 참여할 것이다. 또 공산당이 주일에 선거를 치르거나 국가고시를 실시하면서 예배를 방해하더라도 이런 교회와 목사들은 기꺼이 공산당의 지침을 따를 것이다.

코로나 팬데믹 과정에서 코로나 파시즘을 보여 준 정부의 교묘한 교회 탄압 정책에 기꺼이 따르면서 교회를 백신 접종자와 미접종자로 분열시켜 교회를 분열시키고 대면 예배를 폐지하면서 또 다른 종교개혁이라고 찬양한 한국 교회와 목사들의 행태는 단지 국가의 공산화와 교회 공산화의 맛보기였을 뿐이다.

이렇게 교회와 예배 탄압에 부역(?)하는 교회와 목사들은 교회에 안 다니는 불신자와 국민에게 교회가 잘 보이기 위해, 자신들의 기회주의적인 처신을 정당화하곤 한다. 그들은 하나님의 말씀과 하나님 앞에서 신앙고백 하고 예배하는 자세가 아니라 늘 불신자와 국민, 이 세상의 권력에 관심을 가지고 그들의 눈치를 살피는 자세로 교회를 잘못 이끌고 있으며 결국 교회를 파괴하고 있다.

5. 교회 공산화의 강력한 도구, 민족주의와 애국주의

교회가 공산화되는 과정에서 필수적인 디딤돌이 민족주의, 애국주의이다. "하나님은 미국의 하나님이 아니라 조선의 하나님"이라고 하면서 기독교를 민족주의로 포장한 김일성과 북한의 가짜 교회처럼 교회 공산화에 민족주의와 애국주의는 유용한 도구로 사용되었다.

공산당의 전술은 민족주의자에게는 민족주의자로 등장하고 민주주의자에게는 민주주의자로 등장하고 페미니스트에게는 페미니스트로 등장한다. 이것이 마르크스의 공산주의자 전술이다. 동유럽과 아시아의 교회들은 이러한 공산당의 전술에 철저하게 이용당했다.

물론 교회 내에 비밀리에 침투한 공산주의자들이 교회를 그런 방향으로 몰고 갔던 것도 망각되어서는 안 된다. 제2차 세계대전 시기, 나치에 맞서 싸웠던 동유럽 교회 대부분은 나치에 맞서 싸운 공산당과 그 군대를 지지하고 지원하였다. 이런 교회의 지지, 지원의 대가로 공산당은 교회에 일정하게 제한된 자유를 허용하였다. 교회는 헌금을 모아서 공산당 군대에 비행기나 탱크를 사 주며 공산당을 실질적으로 지지·지원하였다.

공산당이, 민족주의를 지원하는 것은 반제국주의, 간단하게 말해서 반미 때문이다. 공산당은 미국의 영향력과 미국 교회와 선교사들을 몰아내기 위하여 민족주의와 애국주의를 선동하여 교회를 민족주의 종교, 애국주의 종교로 만드는 것이다. 그러나 그것도 단지 일시적인 전술적인 방책일 뿐이다.

한 국가에서 미국의 영향력과 미국 교회와의 교류가 단절될 때, 애국주의적 기독교는 이제 공산당의 말살 대상이 된다. 그것이 역사적인 사실이다. 교회들이 착각했던 것이 교회가 공산당의 정책을 따르면 교회를 가만히 놔두어 공산당과 교회가 공존할 거라는 기대였다. 그러나 그것은 망상이었다. 전쟁이 끝나고 공산당은 동유럽에서 그 국가의 정체성으로 자리를 잡았던 정교회나 가톨릭, 그리고 개신교를 철저하게 탄압하고 말살하였다.

"적군도 아니고 백군도 아니라 우주적, 사도적 교회"라 주장했던 교회가 얼마 안 있어 소련 군대를 지지하고 지원하는 애국주의 러시아 정교회가 되었다. 일제 강점기 한국 교회 다수는 신사참배를 국민의 단순한 국민의례라고 주장하였다. 또 "하나님은 미국의 하나님이 아니라 조선의 하나님"이라는 김일성에 굴복한 북한 교회는 6·25 전쟁에 참전한 미군을 타도하기 위하여 헌금하고 궐기하고 기도회를 열었다.

나치나 공산주의 모두, 똑같은 전체주의 체제이며 공산당이 나치보다 훨씬 더 종교에 적대적이었는데도 공산당 치하의 교회들은 공산당을 지지·지원하였다. 민족주의나 애국주의는 이러한 교회들의 궁색한 변명이자 자기들의 기만적인 행태를 합리화하는 이데올로기라고 평가할 수 있다. 지상에 있는 많은 교회의 성직자들과 신학자들이 가시적인 교회와 비가시적인 교회가 같다고 주장하는데 이러한 주장들은 역사적 사실로 반박된다.

　철저하게 공산화된 교회, 가령 북한의 봉수교회나 중국의 삼자교회는 종교를 부정하고 말살하려는 공산당에 철저하게 복종하고 조종당하는 가짜 교회일 뿐이다. 일본 강점기에 신사 참배한 것이 한국 교회의 역사적인 죄악이라고 인정하는 사람이라면 김일성 동상이나 김일성 사진이 붙어 있고 김일성 일당독재의 하부기관, 선전기관으로 전락한 북한 교회를 교회라고 인정할 수 없을 것이다.

참고문헌

Roland Boer. *Stalin: From Theology To The Philosophy Of Socialism In Power*. New York: Springer, 2017.

James Bryce, Arnold Joseph Toynbee. *The Treatment of Armenians in the Ottoman Empire 1915-1916*. London: H.M. Stationery Off, 1916.

Timothy Ware. *ORTHODOX CHURCH*. 이형기 역. 『동방정교회의 역사와 신학』. 서울: 한국장로교출판사, 1999.

김학관. 『중국교회사』. 경기: 이레서원, 2005.

※ 본 도서에 사용된 일부 이미지는 Wikimedia Commons에서 인용하였으며, 해당 이미지의 라이선스와 출처는 원저작자를 따릅니다.